CADERNO do Futuro

A evolução do caderno

LÍNGUA PORTUGUESA

7º ano
ENSINO FUNDAMENTAL

3ª edição
São Paulo – 2013

Coleção Caderno do Futuro
Língua Portuguesa
© IBEP, 2013

Diretor superintendente	Jorge Yunes
Gerente editorial	Célia de Assis
Editor	Elizabeth Gavioli de Oliveira Silva
	Cícero de Oliveira Silva
Assistente editorial	Karina Danza
Revisão	Berenice Baeder
	Maria Inez de Souza
Coordenadora de arte	Karina Monteiro
Assistente de arte	Marilia Vilela
	Nane Carvalho
Coordenadora de iconografia	Maria do Céu Pires Passuello
Assistente de iconografia	Adriana Neves
	Wilson de Castilho
Produção gráfica	José Antônio Ferraz
Assistente de produção gráfica	Eliane M. M. Ferreira
Projeto gráfico	Departamento de Arte Ibep
Capa	Departamento de Arte Ibep
Editoração eletrônica	N-Publicações

CIP-BRASIL. CATALOGAÇÃO-NA-FONTE
SINDICATO NACIONAL DOS EDITORES DE LIVROS, RJ

S578L
3. ed

Silva, Antonio de Siqueira e.
  Língua portuguesa, 7º ano / Antonio de Siqueira e Silva, Rafael Bertolin. - 3. ed. - São Paulo : IBEP, 2013.
  il. ; 28 cm   (Caderno do futuro)

ISBN 978-85-342-3577-8 (aluno) - 978-85-342-3581-5 (professor)

  1. Língua portuguesa (Ensino fundamental) - Estudo e ensino.
I. Bertolin, Rafael. II. Título. III. Série.

12-8688.   CDD: 372.6
                              CDU: 373.3.016:811.134.3

27.11.12   03.12.12   041079

3ª edição – São Paulo – 2013
Todos os direitos reservados.

Av. Alexandre Mackenzie, 619 – Jaguaré
São Paulo – SP – 05322-000 – Brasil – Tel.: (11) 2799-7799
www.editoraibep.com.br – editoras@ibep-nacional.com.br

Impreso en Mercurio S. A.
mercurio.com.py | 10741
Asunción - Paraguay

SUMÁRIO

1. REVISÃO – CLASSES GRAMATICAIS.............. 4
2. SUJEITO E PREDICADO 28
3. PREDICADO VERBAL E PREDICADO NOMINAL 38
4. REVISÃO 47
5. PREDICADO – I.. 52
6. PREDICADO – II... 62
7. ADJUNTO ADNOMINAL 71
8. REVISÃO 82
9. ADJUNTO ADVERBIAL 85
10. APOSTO E VOCATIVO 91
11. VERBOS 97
12. REVISÃO 107
13. FORMAÇÃO DO IMPERATIVO 111
14. DISCURSO DIRETO E DISCURSO INDIRETO .. 120
15. CONCORDÂNCIA 124
APÊNDICE 128

ESCOLA

NOME

PROFESSOR

HORA	SEGUNDA	TERÇA	QUARTA	QUINTA	SEXTA	SÁBADO

PROVAS E TRABALHOS

1. Revisão – classes gramaticais

1. Leia o anúncio e responda às questões.

   a) Que palavra dá nome ao animal relacionado ao anúncio?

   b) Que palavra dá nome ao período do ano em que as pessoas costumam descansar?

   c) Que palavra indica um grupo, ou conjunto?

> **SUBSTANTIVO**
> É a palavra que dá nome a pessoas, coisas, qualidades, ações, animais, sentimentos, estados, enfim, a tudo o que existe, seja real, seja imaginário.

2. Distribua os substantivos do quadro de acordo com aquilo que representam.

> Cláudia – corrida – vida – passeio
> gente – volta – morte – viagem
> cavalo – crianças – bondade
> capivara – coragem – amigos
> esperteza – ipê – amor – joão-de-barro
> carinho – flor – afeto – pássaro
> alegria – copo – abraço – cegueira
> vestido – árvore – garrafa – doença
> pente – grama – beleza

a) pessoas

b) bichos

c) plantas

d) coisas

e) ações

f) qualidades

g) sentimentos

h) estados

3. Observe o provérbio seguinte.

> Quem casa quer casa longe da casa onde casa.

Agora responda: a palavra casa, nas quatro vezes que aparece nesse provérbio, pertence à mesma classe gramatical? Explique.

> Existem palavras que são **substantivadas** pela anteposição do artigo.

4. Sublinhe as palavras que foram substantivadas.

a) O sorrir da criança cativou a todos.

b) Não troque o certo pelo duvidoso.

c) Não sei o porquê de tanta confusão.

d) A torcida levantou-se e lançou um oh vibrante de emoção.

e) Não se iluda. Nessas questões, sempre há um porém a favor do réu.

f) Falar é fácil, o difícil é fazer.

5. Sublinhe o substantivo com valor de adjetivo.

a) Sempre almoço lá. Dona Flor serve uma comida joia.

b) Tem muita pose, mas não passa de um advogado pé de chinelo.

c) Abandone o mundo da fantasia e seja mais pé no chão.

6. Cite dois adjetivos que poderiam substituir os substantivos sublinhados no exercício anterior.

a)

b)

c)

7. Escreva o feminino dos substantivos.

a) ator

b) ladrão

c) príncipe

d) duque

e) avô

f) freguês

g) réu

h) genro

i) cavalheiro

j) barão

k) cavalo

l) cão

> Alguns substantivos têm significado diferente quando no masculino ou no feminino.
> - a caixa (substantivo feminino): recipiente para guardar ou transportar objetos.
> - o caixa (substantivo masculino): seção de casas comerciais, bancos etc. onde se fazem pagamentos ou recebimentos.

8. Dê o significado das palavras abaixo.

a) o capital

a capital

b) o grama

a grama

c) o coral

a coral

d) o cabeça

a cabeça

e) o rádio

a rádio

9. Determine o gênero dos substantivos com os artigos **o** ou **a**.

telefonema   derme

cal   aroma

dó (pena)   espécime

eclipse   foto

trama   dinamite

herpes   dengue (doença)

alface   omoplata

> A norma culta aceita as duas formas – o **feminino** ou o **masculino** –, no caso de alguns **substantivos**.
> o champanhe   a champanhe
> o personagem   a personagem
> o diabetes   a diabetes

10. Quais dos substantivos do quadro possuem apenas a forma plural?

> ovos – óculos – afazeres – ossos
> pêsames – arredores – amores
> núpcias – olheiras – colheres

> Alguns substantivos podem ter significados diferentes se estiverem no **singular** ou no **plural**.

11. Dê o significado das palavras.

a) as férias

b) a féria

c) as costas

d) a costa

12. Separe os substantivos do quadro em duas colunas, de acordo com a pronúncia fechada do / ô / ou aberta do / ó /.

jogos – gostos – tijolos – almoços
reforços – moços – globos – solos
fornos – bolos – postos – contornos

/ ô /	/ ó /

13. Leia a capa de um caderno de jornal.

Folhinha, 12 jan. 2013.

a) A palavra "crianças", usada na chamada da capa, é substantivo próprio ou comum?

b) Copie o substantivo próprio que identifica a menina da foto e a idade dela.

c) Na frase "*Folhinha* – um jornal a serviço da criança", que substantivo dá nome ao jornal?

d) *Folhinha* é o nome de um caderno que faz parte do jornal *Folha de S.Paulo*. Por que esse nome foi usado no diminutivo?

> **Lembre que:**
> Na flexão de grau, temos o aumentativo e o diminutivo dos substantivos.

14. Escreva duas formas diminutivas para os substantivos, como no modelo.

> jornal   **jornalzinho, jornaleco**

a) rua

b) chuva

c) casa

d) bandeira

e) velho

f) lugar

g) sala

> Uma palavra pode ter muitos sentidos. A isso chamamos **polissemia**.

15. Associe as palavras destacadas, de acordo com o sentido delas nas frases.

a) A **terra** foi adubada e o resultado foi muito bom.

b) Ah, que saudades da minha **terra** natal.

c) Vendeu a **terra** onde morou com a família e ficou sem condições de sobreviver.

d) Por causa do vento forte, o quintal ficou cheio de **terra**.

( ) Local em que se nasce ou em que se habita.

( ) Porção de terreno pertencente a alguém.

( ) Pó, poeira.

( ) Parte do solo na qual se planta.

16. Observe o produto e leia o texto do anúncio. Depois, responda às questões.

> **Mundo do Surfe**
> Oferta IMPERDÍVEL!
> Prancha NOVA, RESISTENTE, ATUAL.
> Preço BAIXO, BAIXÍSSIMO!

a) Que palavras foram usadas para qualificar o produto?

b) Que palavras realçam as vantagens do preço?

c) Que recurso foi utilizado para convencer o cliente de que o preço é realmente baixo?

d) Que palavra qualifica o substantivo "oferta"?

ADJETIVO
As palavras que caracterizam a prancha (produto), o preço e a oferta são chamadas **adjetivos**. São, portanto, palavras que **qualificam** e **caracterizam** os substantivos.

17. Nas três alternativas a seguir, o adjetivo está no grau comparativo. Em qual delas o adjetivo expressa a ideia de igualdade?

a) ( ) Meu pai é mais exigente que minha mãe.

b) ( ) As pessoas daqui são tão felizes quanto as de lá.

c) ( ) O som é menos veloz que a luz.

18. Em qual das alternativas o adjetivo está no superlativo absoluto sintético?

a) ( ) O Everest é o pico mais alto da Terra.

b) ( ) Joice é uma menina extremamente alegre.

c) ( ) Há pessoas riquíssimas que na infância eram paupérrimas.

19. Em qual das alternativas o adjetivo está no grau superlativo relativo de superioridade?

a) ( ) Entre todos os corredores, Paulo se destacou como o mais rápido.

b) ( ) Luana apresentou-se no salão com trajes muito elegantes.

c) ( ) Vamos ver quem é a menos distraída da classe.

20. Para usar o grau comparativo, encaixe as palavras do quadro abaixo nas frases.

mais – menos – tão – quanto

a) A bailarina faz aulas com regularidade e é _____ preparada fisicamente do que as amigas que não fizeram o curso de dança.

b) Mãe de três filhos, Maria tem _____ experiência com crianças _____ do que a irmã.

c) João estudou pouco para a prova, por isso se sente _____ preparado do que os colegas.

d) Mário é _____ realizado quanto os irmãos.

e) Joana é _____ comunicativa do que animada.

f) O produto é tão bom _____ caro.

21. Observe o exemplo e faça a mesma coisa.

> Rogério é muito estudioso.
> Rogério é estudiosíssimo.

a) Ela é excessivamente fácil de lidar.

b) O atleta foi extremamente rápido.

c) A criatura era muito doce.

d) A ideia era completamente geral.

e) O móvel é extremamente antigo.

> **Numeral** é a classe de palavras que indica uma quantidade exata de pessoas ou coisas, ou o lugar que elas ocupam numa série. Os numerais classificam-se em **cardinais**, **ordinais**, **fracionários** ou **multiplicativos**.

22. Encontre na frase dois numerais cardinais e sublinhe-os.

Ontem fui à livraria. No segundo andar, encontrei dois amigos da sexta série que já haviam comprado cinco livros.

23. Escreva por extenso os seguintes numerais ordinais.

20º

30º

40º

50º
60º
70º
80º
90º
100º
300º
1000º

24. Escreva cinco frases com numerais fracionários.

25. Escreva, por extenso, os numerais.
a) Pio VI
b) João XXIII
c) Século I
d) Ato III
e) Ato II
f) Dom Pedro II
g) Século XX
h) Tomo XII

PRONOMES
1. **Pessoais**
   - **retos:** eu, tu, ele(a), nós, vós, eles(as).
   - **oblíquos:** me, mim, comigo, te, ti, contigo, se, si, consigo, o, a, lhe, nos, conosco, vos, convosco, se, si, consigo, os, as, lhes.
   - **de tratamento:** v. (você), Sr. (senhor), V. Exª (Vossa Excelência), V. M. (Vossa Majestade) etc.
   ➢ O pronome de tratamento **você** tem sua origem na 2ª pessoa (vós = a pessoa com quem se fala): **vossa mercê > vossemecê > vosmecê > você.**
2. **Possessivos:** meu, teu, seu, nosso, vosso, seu.
3. **Demonstrativos:** este, esse, aquele, isto, isso, aquilo, o.
4. **Indefinidos:** algo, alguém, fulano, nada, ninguém, tudo, algum, nenhum, menos, mais, muito, pouco(a), poucos(as), diversos, vários, outro(a), outros(as) etc.
5. **Relativos:** quem, que, onde, qual, quais, cujo(a), cujos(as), quanto(a), quantos(as).
6. **Interrogativos:** quanto(s), qual, quem, que.

26. Classifique os pronomes destacados nas frases a seguir.
a) **Ela** pediu para **eu** tomar conta do **seu** nenê.

b) **Que outro** doutor podia ser?

c) Se **ele** voltasse, seria **aquele** barulhão.

d) **Aquela** árvore **os** deixou fascinados.

e) **Vossa Alteza** irá ao Parlamento?

f) **Quem** pode descobrir **o que** se passa na mente dos **outros**?

g) **Quem** contou a **você**?

27. Escolha um pronome oblíquo e escreva uma frase.

28. Leia a tirinha e responda às questões.

Folha de S.Paulo, 12 abr. 1998.

Sinto **muito**!

Você é **muito** inteligente.

Muito bem!

a) Que palavra reforça (intensifica) o sentido do verbo **sentir**?

b) Que palavra intensifica (reforça) o advérbio **bem**?

> **ADVÉRBIO**
> É uma palavra invariável que modifica o sentido de um verbo, de um adjetivo ou de outro advérbio. Observe as frases.
>
> Ovídio reclamava.   Ovídio reclamava **muito**.
>
> A árvore é bonita.   A árvore é **muito** bonita.
>
> Toninho comia **bem**.   Toninho comia **muito bem**.

29. Nas frases seguintes, escreva:

> 1 para advérbio de lugar.
> 2 para advérbio de tempo.
> 3 para advérbio de modo.
> 4 para advérbio de intensidade.
> 5 para advérbio de negação.
> 6 para advérbio de dúvida.

a) Minha professora é **muito** bonita. ( )

b) Ela explica **muito bem** as lições. ( ) ( )

c) As aves que **aqui** existem **não** são as mesmas que existem **lá**. ( ) ( ) ( )

d) **Talvez** volte **mais cedo**. ( ) ( ) ( )

e) **Hoje** a cidade é **mais** movimentada do que **outrora**. ( ) ( ) ( )

30. Sublinhe os artigos com um traço, os adjetivos com dois traços, e os advérbios com três traços.

a) Os lagos daquele lugar eram muito amplos e limpos.

b) A decoração era leve, atual e não tinha excessos.

c) Os mais incríveis animais caminhavam vagarosamente entre nós.

> **VERBO**
> É a palavra que expressa ação, estado ou fenômeno da natureza.
> Os quatro **marchavam** em silêncio.
> O capim **estava** molhado.
> O vento **soprava**.
> ➤ O pronome de tratamento **você**, embora tenha sua origem na 2ª pessoa (vós), exige o **verbo** e o **pronome** possessivo na 3ª **pessoa**.

31. Complete as frases com o verbo **estudar** no imperativo afirmativo. Veja o modelo.

> **Lembre que:**
> É importante que o verbo e o possessivo estejam na mesma pessoa.

Estuda (*tu*) a tua prova.

a) Estude (*você*) _____ .

b) Estudemos (*nós*) _____ .

c) Estudai (*vós*) _____ .

d) Estudem (*vocês*) _____ .

32. Escolha a alternativa que completa as frases corretamente.

a) A mãe recomenda ao filho: Filho, não te esqueças de ajudar...
( ) vossos amigos.
( ) teus amigos.
( ) seus amigos.

b) Não se deixe levar pelos...
( ) vossos impulsos.
( ) teus impulsos.
( ) seus impulsos.

c) Estude (imperativo)...
( ) a sua lição.
( ) a tua lição.
( ) a vossa lição.

d) Estuda (imperativo)...
( ) para a sua prova.
( ) para a tua prova.
( ) para a vossa prova.

33. Passe o verbo do presente do indicativo para o pretérito perfeito do indicativo. Veja o modelo.

> A história **encanta** a todos.
> A história **encantou** a todos.

a) A aluna **chega** muito tarde.

b) Quando **durmo** no ponto, eu me **dou** mal.

c) O acesso à internet **é** difícil.

34. Passe os verbos para o pretérito imperfeito do indicativo. Veja o modelo.

> As mensagens **chegam** com sucesso.
> As mensagens **chegavam** com sucesso.

a) O capim **está** molhado.

b) **Sabem** quem é.

c) Não **trago** notícias.

d) O celular **permanece** desligado.

b) **Haverá** paz.

c) As flores, com o vento, **cairão**.

d) As crianças, exaustas, **descerão** o morro.

e) Nessas circunstâncias, eu lhe **direi** a verdade.

35. Passe os verbos do futuro do presente para o futuro do pretérito do indicativo. Veja o modelo.

> Eu **voltarei** cedo.
> Eu **voltaria** cedo.

a) Os campos **ficarão** molhados de orvalho.

> O **modo imperativo** dos verbos indica ordem, pedido, conselho, proibição. Pode vir acompanhado ou não de ponto de exclamação.
> - **Confira** a resposta dele, professor.
> - **Não faça** isso, menino.
> - Henrique, **venha** aqui!
> - **Obedeça!**

36. Forme frases imperativas com as palavras abaixo.

> **Atenção:**
> Use a vírgula e o ponto de exclamação.

a) Helena / trazer / a pulseira / já

b) Henrique / ficar / tranquilo

c) Parar / com esse barulho / pessoal

d) Jorge / não chegar / atrasado

e) Vasculhar / cesta de papéis / meninos

37. Conjugue o verbo **levar** no imperativo afirmativo, nas pessoas solicitadas. Veja o modelo.

Leva (*tu*) a tua mala.

(*você*)

(*nós*)

(*vós*)

(*vocês*)

38. Agora, crie duas frases empregando o modo imperativo.

a)

b)

39. Leia o aviso a seguir.

ATENÇÃO! NÃO SOLTE PIPA PERTO DOS FIOS. ELES PODEM DAR CHOQUES FORTÍSSIMOS.

a) Sublinhe as palavras do aviso que estão no imperativo negativo.

b) Reescreva a frase usando o modo imperativo afirmativo, de modo que o alerta dado no aviso permaneça o mesmo.

- de + o = do
- de + a = da
- de + ele = dele
- de + ela = dela
- de + aqui = daqui
- de + onde = donde

Na **combinação**, não há perda de elementos.
- a + o = ao
- a + os = aos
- a + onde = aonde

c) Escreva um aviso alertando sobre um outro risco de acidente em relação às pipas.

40. Sublinhe as preposições com um traço, as contrações com dois traços e as combinações com três traços.

a) Os quatro marchavam em silêncio.

b) Lúcia na frente. Atrás, com vestido vermelho, a Neide.

c) Fim de agosto. Lá pelas bandas do cemitério, o bambual erguia uma fortaleza verde, próximo ao lago.

d) Ela pediu para eu tomar conta do filho dela.

PREPOSIÇÃO
É uma palavra invariável que une duas palavras, estabelecendo entre elas uma relação.
Chuva **de** flores.
Saímos **a** passeio.
Penso **em** você.
Principais preposições: a, ante, após, até, com, contra, de, desde, em, entre, para, per, perante, por, sem, sobre, sob, trás.
Contração e combinação
As preposições podem unir-se aos artigos, pronomes e advérbios e formar contrações e combinações.
Na **contração**, há perda ou transformação de elementos.

> As **preposições** são palavras vazias de sentido, porém podem exprimir as relações mais diversas no contexto em que aparecem.

41. Relacione as frases de acordo com o sentido que as preposições estabelecem.

(1) Feriu-se **com** a faca.
(2) Morreu **de** fome.
(3) Dirija **com** cuidado.
(4) Moro **em** São Paulo.
(5) Viajei **de** ônibus.
(6) Falou **contra** mim.
(7) Saí **com** meus amigos.
(8) Preciso estudar **para** a prova.
(9) Fiquei **sem** dinheiro.
(10) Esta é a casa **de** Jorge.
(11) Não olhe **para** trás.
(12) Foi suspenso **por** indisciplina.
(13) A porta **de** ferro enferrujou.
(14) Ele descende **de** família italiana.
(15) Estudei **durante** as férias.

( ) origem
( ) finalidade
( ) matéria
( ) direção
( ) falta
( ) posse
( ) instrumento
( ) oposição
( ) causa
( ) companhia
( ) lugar
( ) modo
( ) tempo
( ) meio

CRASE (A + A = À)

Só existe diante de palavra feminina que admite o artigo **a**. Mas é necessário que a preposição **a** encontre o artigo feminino **a** para termos **a crase** (à).

Vou **a** + **a** feira. (Vou **para** + **a** feira.)
  ↓   ↓   ↓   ↓
preposição artigo   preposição artigo

Vou à feira.

Também os pronomes demonstrativos **aquele**, **aquela**, **aquilo** podem ser craseados.

Domingo, fomos àquela fazenda dar um passeio.

Domingo, fomos àquele sítio dar um passeio.

Não há crase diante de nomes próprios que não admitem artigo.

Fui **à** Bahia.   Fui **a** Curitiba.
  ↓   ↓
(para + a)   (para)
preposição + artigo preposição

Bahia admite o artigo **a** (a Bahia), porém Curitiba não admite (Curitiba), por isso o **a** diante de Bahia é craseado e o **a** diante de Curitiba não.

42. Coloque o sinal de crase quando for necessário.

a) Os turistas visitaram a cidade e gostaram.
b) Por favor, ceda o lugar as senhoras.
c) Chegamos a Curitiba as cinco horas e depois a noite passeamos a pé.
d) Entregue a ela este bilhete, por favor.
e) Fiz ver a ele que não tinha razão.
f) Réu e vítima ficaram frente a frente.
g) Dia a dia, o rio ia subindo.
h) Ele pode chegar a qualquer hora.
i) Pedimos conselho a professora.
j) Atribuiu a derrota a má sorte do time.
k) A doença vem a cavalo e volta a pé.
l) Peço mil desculpas a você por faltar a reunião.
m) Ovídio não ia a a esquina sem pedir licença a mãe.
n) Havia ipês a direita e a esquerda do caminho.
o) A custa de muito sacrifício, chegamos ao topo do monte.
p) Vou a Bahia e depois a Curitiba.
q) Saímos as cinco e voltamos as dez horas da noite.
r) Disseram a mim toda a verdade.
s) Nunca mais voltei aquele lugar.

43. Substitua as expressões em destaque por uma palavra ou expressão feminina, usando a crase. Veja o modelo.

> A professora fez referência **aos alunos atrasados**.
> A professora fez referência **às alunas atrasadas**.

a) Que tal ir **ao parque** hoje?

b) Apresentei-me **ao professor** de Física.

c) Ninguém é insensível **ao sofrimento**.

d) Avançamos rente **ao muro**.

e) Os alunos assistiam **ao espetáculo** em silêncio.

f) Aquela casa fica **ao lado** do rio.

44. Leia a tirinha.

XODÓS DA VOVÓ

STEVE BREEN

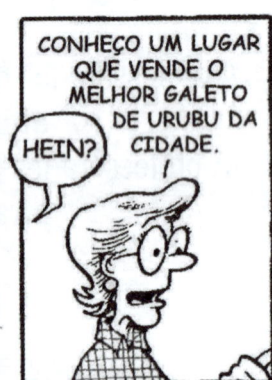

a) No segundo quadrinho, qual palavra expressa o espanto de um dos personagens?

b) Por que a criança se espantou?

c) Copie do último quadrinho uma palavra usada para chamar a atenção dos meninos para algo que se vai dizer, revelar.

45. Leia outra tirinha.

a) Na tirinha, o que tira o personagem Marcha-Lenta de sua sonolência?

b) Copie da tirinha a interjeição que expressa a admiração de Marcha-Lenta pelo voo rápido do pássaro.

c) Copie da tirinha as outras interjeições utilizadas e uma locução interjetiva.

INTERJEIÇÃO

É a palavra que expressa sentimento espontâneo de alegria, dor, admiração, raiva, apelo, alívio, repulsa etc.

Conheça algumas interjeições: **ai, ei, ui, ah, oh, eh, bravo, uau, apoiado, ih, hein, chi, psiu, alô, socorro, tomara** etc.

As **interjeições** podem vir seguidas de ponto de exclamação (!).

Há interjeições formadas por duas ou mais palavras: são as **locuções interjetivas**.

46. Associe as interjeições do quadro aos sentimentos numerados.

> fora! cuidado! parabéns! psiu! ufa! coitado! perdão! obrigado! adeus! oba! olá! viva! socorro! tomara!

I – pena
II – alívio
III – aplauso, felicitação
IV – advertência
V – saudação
VI – apelo, pedido
VII – aclamação
VIII – despedida
IX – desejo
X – afugentamento
XI – silêncio
XII – alegria
XIII – desculpa
XIV – agradecimento

— Por favor, me dê uns comprimidos de ácido acetilsalicílico.
— A senhora quer dizer aspirina, não?
— É isso! Nunca consigo me lembrar do nome.

Primeiro coquetel de palavras. Rio de Janeiro: Ediouro, s.d.

a) O que faz com que a primeira anedota seja engraçada?

b) O que causou a graça na segunda anedota?

ORTOGRAFIA – VAMOS ESCREVER CERTO?

Ortografia é a escrita correta das palavras. Devemos escrever as palavras como são usadas pela língua-padrão, para evitar problemas de interpretação.

— Garção, traga-me uns erros de ortografia.
— Aqui não há disso, senhor.
— Mas o cardápio está cheio deles...

*

USE O DICIONÁRIO PARA ESCREVER CORRETAMENTE

O **dicionário** é um livro em que as palavras aparecem em ordem alfabética, acompanhadas de seus significados. É uma obra importantíssima para ajudar no entendimento dos textos e das conversas, pois ninguém conhece completamente as milhares de palavras do idioma (as atuais, as que vão caindo em desuso e as que vão surgindo).

Quando lemos e encontramos palavras desconhecidas ou que nos deixam em dúvida, devemos consultar um dicionário.

Muitas palavras possuem mais de um significado, e compete ao leitor descobrir o sentido da palavra de acordo com o texto que ele está lendo, isto é, de acordo com o contexto.

Para manusear o dicionário, é preciso:
- conhecer bem a ordem alfabética;
- consultar, no início do dicionário, a página que explica as siglas e as abreviaturas utilizadas, como **s.m.** (substantivo masculino), **s.f.** (substantivo feminino), **num.** (numeral), **sing.** (singular), **pl.** (plural).

É importante que você tenha e utilize um dicionário.

Observe a seguir como esse verbete aparece no dicionário.

baralho
■ substantivo masculino
Rubrica: ludologia.
1 conjunto de cartas de jogo, que varia em número de acordo com o jogo a que serve
1.1 nome dado à coleção de 52 cartas de jogar, distribuídas em quatro naipes, cada um com uma série de ás a rei, sendo que este, a dama e o valete são chamados figuras [Existe mais uma carta, o curinga, só us. em certos jogos.]

Dicionário Houaiss eletrônico. São Paulo: Objetiva, 2009.

1. Procure no dicionário e copie a seguir um verbete correspondente à palavra **embaralhar**.

2. Preencha as lacunas das frases com as palavras do quadro, prestando atenção na escrita.

di**sc**iplina – a**sc**ensão – cre**sc**eram
di**sc**ernir – de**sc**er
de**sc**endente – con**sc**iência

a) Em poucos anos _____ os ipês, formando linda avenida.

b) Em tudo, procuro seguir a minha _____, por isso durmo tranquilo.

c) A _____ de Dom Pedro II ao trono se deu em 1840.

d) Era _____ de italianos vindos da Calábria.

e) Ao _____ a escada, tropeçou e caiu.

f) As crianças já sabem _____ entre o bem e o mal.

g) Sem _____ não há ordem nem progresso.

3. Reescreva as palavras e, em seguida, preencha as lacunas das frases com elas.

- apesar
- de repente
- depressa
- em cima
- embaixo
- atrás

a) Vovó escondia o dinheiro _____ do colchão.

b) _____, resolveu partir sem se despedir de ninguém.

c) Ande _____, menino, que o trem já vai partir!

d) Os livros estão _____ da mesa.

e) Meses _____ conversei com ele pelo telefone.

f) _____ do mau tempo, resolvi enfrentar o longo caminho de volta.

4. Leia as palavras das três colunas do quadro e preste atenção na pronúncia das letras em destaque.

a**z**ar	e**x**ecutar	arra**s**ar
Ama**z**ônia	e**x**agero	Tere**s**inha
nature**z**a	e**x**igente	ade**s**ivo
bele**z**a	e**x**ame	mare**s**ia

De acordo com a pronúncia das letras destacadas, podemos concluir que:

( ) Um fonema pode ser representado por letras diferentes.

( ) A cada letra corresponde apenas um fonema.

5. Descubra outras palavras que tenham o fonema / z / representado pelas letras **x**, **s** e **z**.

a) êxodo

b) asa

c) zebra

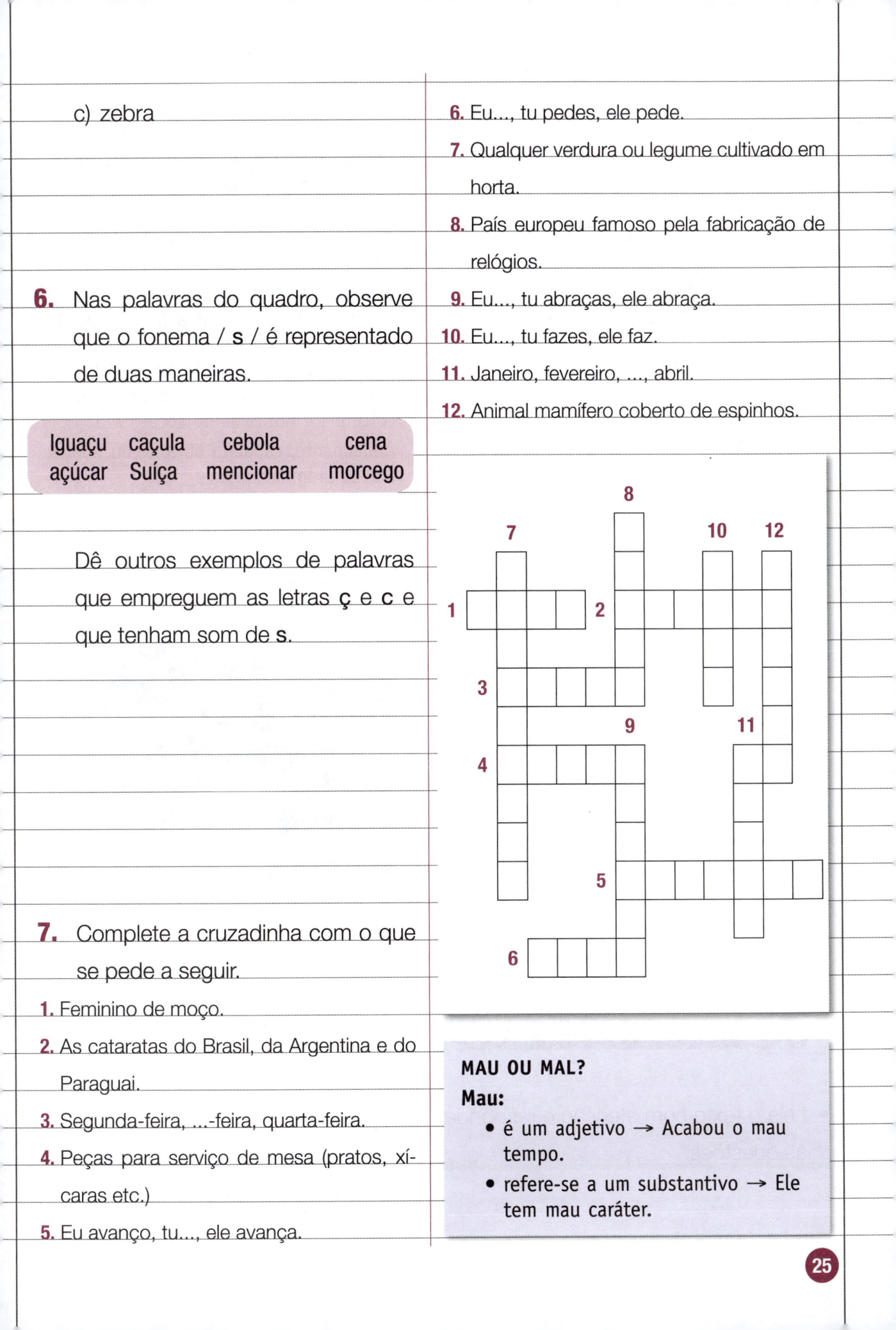

6. Nas palavras do quadro, observe que o fonema / **s** / é representado de duas maneiras.

| Iguaçu | caçula | cebola | cena |
| açúcar | Suíça | mencionar | morcego |

Dê outros exemplos de palavras que empreguem as letras **ç** e **c** e que tenham som de **s**.

7. Complete a cruzadinha com o que se pede a seguir.

1. Feminino de moço.
2. As cataratas do Brasil, da Argentina e do Paraguai.
3. Segunda-feira, ...-feira, quarta-feira.
4. Peças para serviço de mesa (pratos, xícaras etc.)
5. Eu avanço, tu..., ele avança.
6. Eu..., tu pedes, ele pede.
7. Qualquer verdura ou legume cultivado em horta.
8. País europeu famoso pela fabricação de relógios.
9. Eu..., tu abraças, ele abraça.
10. Eu..., tu fazes, ele faz.
11. Janeiro, fevereiro, ..., abril.
12. Animal mamífero coberto de espinhos.

MAU OU MAL?
Mau:
- é um adjetivo → Acabou o mau tempo.
- refere-se a um substantivo → Ele tem mau caráter.

25

- é o contrário de bom → Ele é um homem mau.

Mal:
- é um advérbio → Ele passou mal.
- refere-se a um verbo → Eu nadei mal.
- é um adjetivo → Ela é mal-educada.
- é o contrário de bem → Isso é um mal para o país.

8. Complete as frases com **mau** ou **mal**.

a) Jogamos _____, por isso obtivemos um mau resultado.

b) João saiu-se _____ nas provas.

c) O _____ tempo impediu o passeio.

d) Ela _____ conseguia ouvir a explicação do guia.

e) Isso acabou sendo um _____ negócio para nós.

f) Soubemos que ele está muito _____ no hospital.

PRÁTICA DE PRODUÇÃO DE TEXTO

- Leia o texto com atenção e responda às questões.

O Instituto Ayrton Senna é uma organização sem fins lucrativos que pesquisa e produz conhecimentos para melhorar a qualidade da educação, em larga escala.

Fundado em 1994, por desejo do tricampeão de Fórmula 1 Ayrton Senna, o instituto trabalha para desenvolver o potencial das novas gerações, ajudando estudantes a ter sucesso na escola e a ser cidadãos capazes de responder às exigências profissionais, econômicas, culturais e políticas do século XXI.

Anualmente, capacita 60 mil educadores e seus programas beneficiam diretamente cerca de 2 milhões de alunos, em mais de 1.300 municípios nas diversas regiões do Brasil. [...]

Disponível em: <http://senna.globo.com/institutoayrtonsenna/quem_somos/index.asp>. Acesso em: 10 jan. 2013.

1. O texto apresenta o trabalho do instituto que leva o nome de qual esportista conhecido?

2. Escreva o que você sabe sobre Ayrton Senna.

3. O foco do trabalho realizado pelo instituto é:

a) ( ) saúde
b) ( ) ecologia
c) ( ) educação

4. Escreva o nome de cinco tipos de esporte praticados no Brasil.

5. Ayrton Senna foi um grande piloto. É comum que as pessoas admirem a atuação de esportistas. Escreva um texto relacionado ao tema "esportes", dando destaque a um esportista que você admira. No texto, você pode mencionar outros esportistas que, como Ayrton Senna, são referências para projetos sociais e educacionais.

2. Sujeito e predicado

> Carol,
> Você faltou na aula.
> A prô passou um filme bem legal!
> Mas também passou lição de casa. A lição é fácil.
> Devemos levar manchetes de jornal e, nelas, assinalar sujeito e predicado.
> Um beijo,
> Sabina.

1. Releia com atenção o e-mail e responda às questões.

a) Quem praticou a ação de passar um filme?

b) Quem deve fazer a ação de assinalar sujeito e predicado nas manchetes?

c) Na frase **A lição é fácil**, que palavra ou que forma verbal está ligando **lição** com **fácil**?

Autoavaliação

Releia com atenção o seu texto, tendo em vista os seguintes itens:

- Procurei escrever corretamente as palavras?
- Usei a pontuação correta?
- Acentuei as palavras que precisavam de acento?
- Procurei evitar repetição desnecessária de palavras?
- Dei um título a ele?

d) Na frase **Mas também passou lição de casa,** quem faz a ação não aparece, é um sujeito oculto ou desinencial.

Quem é o sujeito dessa oração?

> A prô passou um filme bem legal!
> Se perguntarmos ao verbo "Quem passou um filme bem legal?", obtemos a resposta "A prô".
> A prô (professora) é o **sujeito** da oração.
> Se perguntarmos "O que fez a prô?", obtemos a resposta "passou um filme bem legal!"
> Passou um filme bem legal! é o **predicado** da oração.

2. Escreva sujeitos adequados para os predicados seguintes.

a) _____ ensina aos alunos.

b) _____ assistem às aulas.

c) _____ marcou um gol.

d) _____ escorregou na escada.

e) _____ ri à toa.

f) _____ gosta de mim.

g) _____ suspeita de você.

h) _____ cuida dos filhos.

i) _____ têm aula de artes toda quarta-feira.

j) _____ não me agrada.

k) _____ tem espinhos.

l) _____ ficamos assustados com a violência.

3. Agora escreva predicados para os sujeitos a seguir.

a) Isto

b) O filme

c) Os amigos

d) Nós

4. Complete as frases com o sujeito ou o predicado de acordo com o caso.

a) Os pássaros

b) _____ se matricularam nas aulas de teatro.

c) _____ brincavam despreocupadamente.

d) O ator e o diretor

5. O sujeito pode aparecer antes ou depois do verbo. Mude a posição do sujeito nas frases abaixo. Veja o modelo.

> **Um cão raivoso** latia atrás do muro.
> Atrás do muro latia **um cão raivoso**.

a) A sala de cinema estava lotada.

b) Já começou o campeonato de tênis.

c) O pato selvagem nadava na lagoa.

d) É elegantíssima aquela modelo.

6. Faça uma oração na ordem direta e depois escreva-a na ordem inversa.
a)

b)

SUJEITO

Sujeito é o ser sobre o qual declaramos alguma coisa.

Tipos de sujeito
1. **simples:** tem um só núcleo. → O **menino** saiu.
2. **composto:** possui mais de um núcleo. → O **menino** e a **menina** saíram.
3. **indeterminado:** não sabemos quem é. → Roubaram a mala. (Quem roubou a mala?)
4. **oculto ou desinencial:** o sujeito existe, sabemos quem é, mas ele não está expresso, escrito na oração.
 → Vamos ver o filme? (**nós** = sujeito oculto ou desinencial)
5. oração sem sujeito: apenas declaramos um fato, sem atribuí-lo a um ser. → Chove.
 → Faz muito tempo que não viajo.
 → Havia quadros na parede.

Núcleo do sujeito é a palavra-base, isto é, a mais importante do sujeito. Em torno do núcleo, podem aparecer artigos, adjetivos, numerais etc.

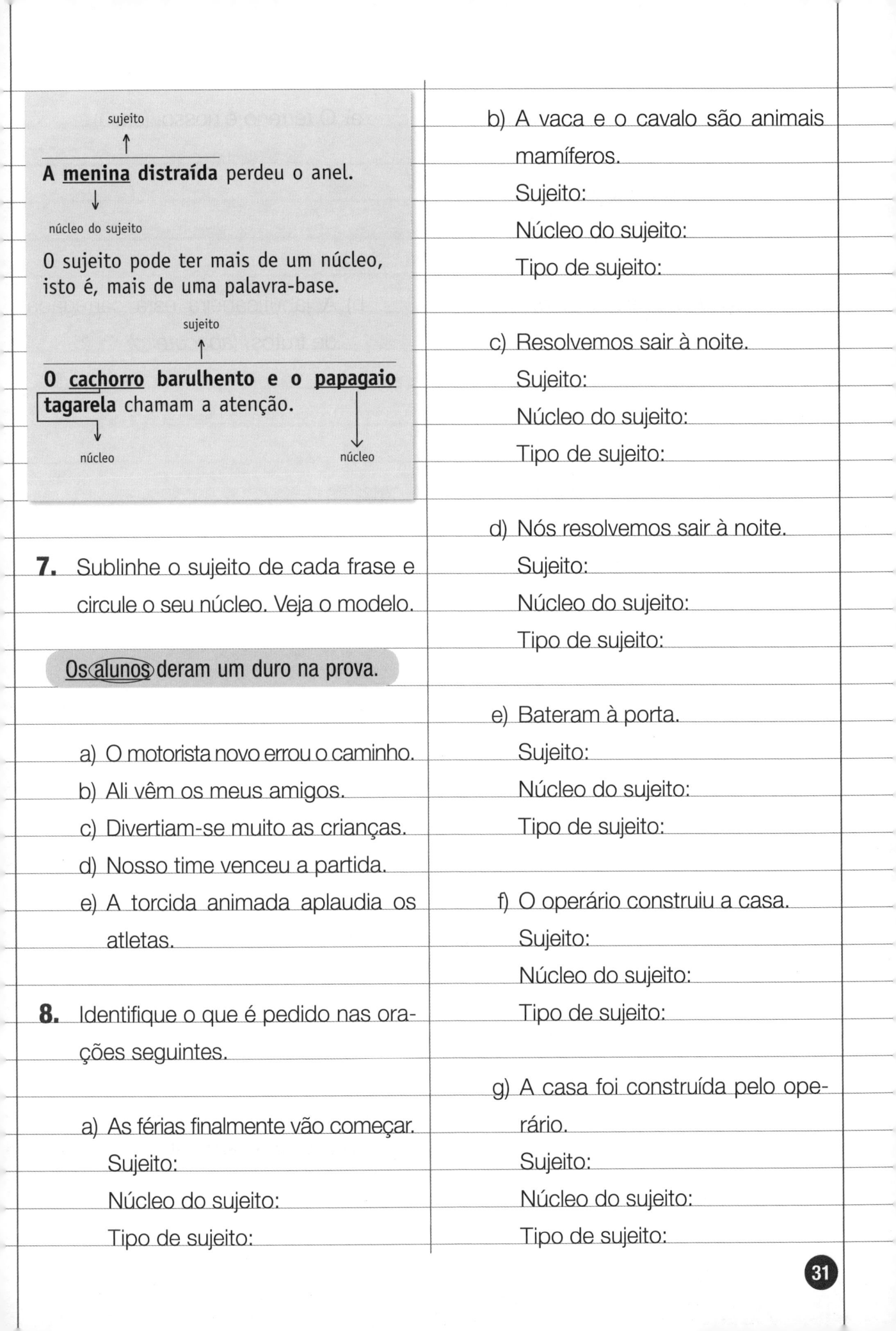

sujeito
↑
A **menina** distraída perdeu o anel.
↓
núcleo do sujeito

O sujeito pode ter mais de um núcleo, isto é, mais de uma palavra-base.

sujeito
↑
O **cachorro** barulhento e o **papagaio** tagarela chamam a atenção.
↓   ↓
núcleo   núcleo

7. Sublinhe o sujeito de cada frase e circule o seu núcleo. Veja o modelo.

Os (alunos) deram um duro na prova.

a) O motorista novo errou o caminho.
b) Ali vêm os meus amigos.
c) Divertiam-se muito as crianças.
d) Nosso time venceu a partida.
e) A torcida animada aplaudia os atletas.

8. Identifique o que é pedido nas orações seguintes.

a) As férias finalmente vão começar.
Sujeito:
Núcleo do sujeito:
Tipo de sujeito:

b) A vaca e o cavalo são animais mamíferos.
Sujeito:
Núcleo do sujeito:
Tipo de sujeito:

c) Resolvemos sair à noite.
Sujeito:
Núcleo do sujeito:
Tipo de sujeito:

d) Nós resolvemos sair à noite.
Sujeito:
Núcleo do sujeito:
Tipo de sujeito:

e) Bateram à porta.
Sujeito:
Núcleo do sujeito:
Tipo de sujeito:

f) O operário construiu a casa.
Sujeito:
Núcleo do sujeito:
Tipo de sujeito:

g) A casa foi construída pelo operário.
Sujeito:
Núcleo do sujeito:
Tipo de sujeito:

h) Faz dois anos que moro aqui.
Sujeito:
Núcleo do sujeito:
Tipo de sujeito:

i) Choveu ontem à noite.
Sujeito:
Núcleo do sujeito:
Tipo de sujeito:

j) Fazia um calor intenso.
Sujeito:
Núcleo do sujeito:
Tipo de sujeito:

k) Há muitas cobras venenosas na região.
Sujeito:
Núcleo do sujeito:
Tipo de sujeito:

9. Transforme o sujeito simples em sujeito composto, fazendo as alterações necessárias. Veja o modelo.

> A mãe estava eufórica. (*filhos*)
> **A mãe e os filhos estavam eufóricos.**

a) O terreno é nosso. (*casa*)

b) A jabuticabeira está carregada de frutos. (*abacateiro*)

c) O jasmim perfuma o ar. (*cravo*)

d) Eu fui assistir a um filme indicado ao Oscar. (*ela*)

10. Una as orações num único período, transformando o sujeito simples em sujeito composto, de acordo com o modelo.

> A casa é nossa. O carro é nosso.
> A casa e o carro são nossos.

a) O vale é verde. As árvores são verdes.

b) O filho concordou. A filha concordou.

c) Desculpou-se o rapaz. Desculpou-se a moça.

> Nas **orações sem sujeito**, declaramos um fato sem atribuí-lo a um ser.
> O **verbo** fica na 3ª pessoa do singular.
> Temos oração sem sujeito nos seguintes casos:
> - com o verbo **haver** no sentido de existir ou de tempo transcorrido.
> - **Há** pessoas na sala. = **Existem** pessoas na sala.
>   ↓
> O verbo **haver** não tem plural; fica na 3ª **pessoa do singular**.
>
> - com os verbos que indicam **fenômenos da natureza** (chover, trovejar, relampejar, nevar, ventar, amanhecer, anoitecer etc.).
>   **Chovia** muito ontem à noite.
> - com os verbos **fazer**, **ser** e **estar** no sentido de tempo (cronológico ou atmosférico).
>   **Faz** três anos que me formei.
>   **Estava** muito frio ontem à noite.

Lembre que:

Quando o sujeito é **indeterminado**, não sabemos exatamente quem é o sujeito.

11. Faça duas orações com sujeito indeterminado.

a)

b)

12. Dê dois exemplos de orações sem sujeito.

a)

b)

13. Passe as frases para o plural, mas conserve o verbo no singular. Veja o exemplo.

> **Há** uma rosa no vaso.
> **Há** rosas no vaso.

a) Havia um policial na rua.

b) Haverá protesto na reunião.

c) Há uma pulseira sobre a mesa.

d) Houve participante descontente.

e) Ainda há esperança!

f) Haverá novidade por aqui.

g) Houve brincadeira e riso.

14. Sublinhe os verbos de cada frase e, depois, copie as orações sem sujeito.

a) Choveu à noite.

b) Haverá uma nova oportunidade.

c) Existiram algumas tribos indígenas nessa região.

d) Há muitas pessoas envolvidas no projeto social.

15. Reescreva as frases empregando o verbo **fazer** para expressar as mesmas ideias.

a) Vivo neste lugar há dez anos.

b) Eu vim de Minas há vinte anos.

16. Identifique a **oração sem sujeito**.
   ( ) A chuva tornou a cair no Rio.
   ( ) Faz muito frio na região Sul.
   ( ) A temperatura continua estável em São Paulo.

17. Com duas frases, anuncie a previsão do tempo para amanhã: a primeira frase deve ter sujeito inexistente e a segunda, sujeito simples.
   a)

   b)

18. Complete a cruzadinha com o que se pede.

1. Helena defendeu Henrique. (*sujeito*)
2. O velho pátio estava vazio. (*núcleo do sujeito*)
3. Minha joia desapareceu. (*predicado*)
4. Tu eras conscienciosa. (*sujeito*)
5. Escorreguei. Choveu. (*oração sem sujeito*)
6. O rapaz desistiu. (*predicado*)
7. Você acertou. (*predicado*)
8. A pulseira nova sumiu. (*núcleo do sujeito*)
9. Os cochichos eram muitos. (*núcleo do sujeito*)

19. Identifique as orações a seguir, seguindo o código.

> **SS** – para oração sem sujeito
> **C** – para sujeito composto
> **S** – para sujeito simples
> **I** – para sujeito indeterminado
> **OD** – para sujeito oculto ou desinencial

a) (   ) A escola ficava num morro.
b) (   ) Os meninos e as meninas estavam no pátio.
c) (   ) Venta e chove.
d) (   ) Há muitos trabalhadores na fábrica.
e) (   ) A abelha e o beija-flor sugam o néctar das flores.
f) (   ) Faz dois meses que cheguei.
g) (   ) Roubaram os documentos.
h) (   ) Gosto da natureza.

20. Substitua o sujeito composto por um sujeito simples do quadro. Veja o modelo.

> eu e tu = **nós**   tu e ele = **vós**
> eu e você = **nós**   tu e eles = **vós**
> eu e ele = **nós**   ele e ela = **eles**
> eu e eles = **nós**   ele e você = **vocês**

> **Eu** e **você** iremos à festa.
> **Nós** iremos à festa.

a) Eu e tu faremos a tarefa.

b) Eu e ele discutimos bastante.

c) Tu e ela voltastes cedo.

d) Tu e eles obtivestes sucesso.

e) Ele e ela vivem discutindo.

f) Ele e você viajam muito.

ORTOGRAFIA – VAMOS ESCREVER CERTO?

1. Observe as frases.

> • Ele sai cedo todos os dias.
> • Ontem eu saí cedo.

a) Em que tempo está a forma verbal sai?

b) Em que tempo está a forma verbal saí?

c) De que modo o acento marca a diferença entre os verbos **sai** e **saí**?

d) Juliana nunca **saía** sozinha.
saía:

e) **Ai**, que dor de cabeça.
ai:

f) Não fique **aí** sem fazer nada.
aí:

g) Ela **sabia** de tudo.
sabia:

h) O **sabiá** adora frutas.
sabiá:

i) Segui a **sábia** recomendação do mestre.
sábia:

ACENTO GRÁFICO

O uso do acento gráfico pode:
- distinguir uma palavra da outra quanto ao significado (pais – país).
- distinguir um modo verbal do outro (sai – saí).
- distinguir uma classe gramatical de outra (sabia – sábia – sabiá).

---

2. Dê o significado das palavras destacadas, considerando o acento gráfico que recebem.

a) Vivo num **país** maravilhoso.
país:

b) Meus **pais** são pessoas honestas.
pais:

c) **Saia** imediatamente daí!
saia:

EMPREGO DE *I* E *U* TÔNICOS ACENTUADOS

- Acentuam-se o **i** e o **u** tônicos que formam hiato com a vogal anterior.

Nesse caso, as letras **i** e **u** podem formar sílaba se estiverem sozinhas ou acompanhadas de **s**.

    sa-**í**-da   fa-**ís**-ca   ba-**ús**

- Não devemos acentuar o **i** e o **u** quando formarem sílaba com as letras **l, m, n, r, z** e quando forem seguidos do dígrafo **nh** (rainha, por exemplo).

3. Separe as sílabas das palavras e acentue a letra **i** e a letra **u**, quando necessário, de acordo com as regras de acentuação. Veja o exemplo.

> Itajaí   I-ta-ja-í

a) gaucho

b) amiude

c) sanduiche

d) proibe

e) saindo

f) feiura

g) traira

h) raiz

i) raizes

j) cair

k) cairam

l) carnaúba

3. Predicado verbal e predicado nominal

PREDICADO VERBAL

Delfino **correu** para o mar.
- O verbo exprime ação, movimento (**correu** expressa ação).
- O verbo é significativo, isto é, por si mesmo ele dá ideia de algo.
- O verbo é a palavra mais importante, é o núcleo do predicado.

Delfino **correu** para o mar.
         ↓
   núcleo do predicado

PREDICADO NOMINAL

O mar estava **furioso**.
- O verbo de ligação (**estava**) não expressa ação, movimento.
- A **qualidade** ou o **estado** são mais importantes que o verbo de ligação – eles são o núcleo do predicado.

O mar estava **furioso**.
                ↓
        núcleo do predicado

VERBO DE LIGAÇÃO

O verbo de ligação, como diz seu nome, liga o sujeito a uma qualidade, a um estado.

A classe	**estava**	vazia.
Ele	**ficou**	parado.
Edinho	**era**	esperto.
↓	↓	↓
sujeitos	verbos de ligação	qualidade (predicativos)

Veja alguns verbos de ligação: ser, estar, ficar, permanecer, parecer.

1. Sublinhe o predicado das orações.

> **Atenção:**
> Separando-se o sujeito da oração, o que resta é o predicado.

a) No primeiro dia no Rio de Janeiro, Jaqueline quase se afogou.

b) Ele tinha aprendido a nadar no rio das Velhas.

c) Um dos rapazes tinha um sorriso simpático.

d) Pouco a pouco foram se aproximando os curiosos.

e) Já bocejava, com sono, o menino.

f) Era impressionante a agilidade dos corredores.

g) Sou de Congonhas do Campo.

h) Muita gente riu em torno dele.

> **Lembre que:**
> No predicado nominal o verbo é sempre o de ligação.

2. Ligue ao centro somente os verbos de ligação.

ser • • parecer
ter • • correr
ficar • **VERBOS DE LIGAÇÃO** • permanecer
estar • • continuar
tratar • • entender

3. Observe os exemplos e escreva qual é o tipo de predicado das orações a seguir.

> O mar **é** minha grande atração.
> ↓
> predicado nominal
>
> O navio já **partiu**.
> ↓
> predicado verbal

a) As gaivotas sobrevoavam as embarcações.

b) O mar ficou furioso.

c) O frágil barco dançava sobre as ondas.

d) O mar está cheio de mistérios.

e) Amamos a natureza.

f) O tempo continua quente.

4. Preencha as lacunas empregando os verbos de ligação indicados no pretérito imperfeito do indicativo.

a) O mar _____ tranquilo. (*parecer*)

b) Lucas _____ alto e forte. (*ser*)

c) Marília _____ empolgada com a viagem. (*estar*)

d) Nós _____ alegres só de ver o mar. (*ficar*)

e) Apesar da queda, Marcos _____ apaixonado por andar de bicicleta. (*continuar*)

f) Ultimamente, a mãe _____ muito preocupada com o filho. (*andar*)

5. Complete os predicados nominais atribuindo qualidades para os sujeitos.

a) O mar está

b) O tempo continua

c) O rapaz parece

d) Ela anda muito

e) Nós ficamos

PREDICATIVO DO SUJEITO

O predicativo do sujeito refere-se a uma qualidade ou a um estado que se atribui ao sujeito. Essa qualidade é representada, na maioria das vezes, por um adjetivo que vem logo depois do verbo de ligação.

Ele foi **afobado**.

sujeito   predicativo

PREDICADO NOMINAL X PREDICATIVO

É importante não confundir predicado nominal com predicativo.

O dia **está ensolarado**.

predicado nominal

O dia está **ensolarado**.

predicativo

6. Indique o que é predicado nominal e o que é predicativo. Siga o modelo.

> O mar parecia tranquilo.
> **parecia tranquilo:** predicado nominal
> **tranquilo:** predicativo

a) Os banhistas estavam queimados de sol.

b) O queijo mineiro é saudável e delicioso.

c) As praias do Rio são lindas.

7. Complete as orações com um predicativo (qualidade, estado).
   a) As férias estão

   b) A viagem parece

   c) A praia permaneceu

   d) Nós ficamos

8. Várias pessoas entram no mar e comentam sobre a qualidade da **água**. Nos balões, o sujeito é sempre água. Complete as frases dos balões com um **predicativo** do sujeito.

A ÁGUA ESTÁ MUITO

A ÁGUA PARECE

ESTA ÁGUA ESTÁ

ÁGUA IMPRÓPRIA PARA BANHO

A ÁGUA PERMANECE

9. Transforme as frases, empregando verbo de ligação e predicativo. Veja o exemplo.

> Os corredores demonstravam cansaço.
> **Os corredores estavam cansados.**

a) As folhas das verduras murcharam.

b) Os alunos mostraram nervosismo na prova.

c) As bananas já amadureceram.

d) Por muito tempo ele nada falou.

e) Os presos não podiam se comunicar.

10. Escolha um lugar (sujeito) e atribua a ele várias características ou qualidades (predicativo do sujeito).

11. Conclua a frase a seguir.
O verbo de ligação serve para ligar

PREDICADO NOMINAL OU VERBAL?
Geralmente, os verbos **ser**, **estar**, **ficar, parecer, permanecer, continuar** funcionam como verbos de ligação, unindo uma qualidade ou um estado ao sujeito. Porém, se esses verbos vierem acompanhados de alguma circunstância adverbial de lugar, tempo etc., o predicado será verbal.

O pessoal **está na praia**.
(advérbio de lugar / predicado verbal)

As crianças **estão felizes**.
(predicativo do sujeito / predicado nominal)

Meu pai **estava lá**.
(advérbio de lugar / predicado verbal)

Ele **estava contente**.
(predicativo do sujeito / predicado nominal)

12. Escreva V para predicado verbal e N para predicado nominal.

a) As estrelas **parecem pequenas**. ( )

b) As estrelas **estão no céu**. ( )

c) Elas **estão no parque**. ( )

d) Elas **são envergonhadas**. ( )

e) Os navios **estavam na baía**. ( )

> O **predicativo** pode ser representado por um adjetivo, um substantivo ou um pronome.
> Este rapaz é **forte**.
> Ele é **engenheiro**.
> Este livro é **meu**.
> predicativo

13. Complete as orações com um predicado verbal. Use verbos que expressem ação, movimento.

a) As aves

b) As abelhas

c) O professor

14. Identifique os predicados verbais, sublinhando-os com um traço.

a) O trabalho revela nosso compromisso.

b) Todos os dias eu agradeço pela vida.

c) Graham Bell inventou o telefone.

d) Doutor Geraldo andava sempre a cavalo.

15. Veja esta capa de um filme:

Disponível em: <capasfilmescomediaromantica.blogspot.com>. Acesso em: 13 jan. 2013.

a) Identifique no título do filme o sujeito e o predicado.

b) Classifique o tipo de sujeito do título e identifique o seu núcleo.

c) O predicado é nominal ou verbal?

d) Na frase "Esta é uma história de amor bem diferente das outras", classifique o verbo e o tipo de predicado.

e) Reescreva o título do filme retirando ou acrescentando o que for necessário para transformar o sujeito simples em oculto/desinencial.

16. Sublinhe somente os predicativos nas frases a seguir.
a) Nosso país é imenso.
b) Por que você anda preocupado?
c) Os alunos permaneceram sentados durante a apresentação.
d) Eu andava desconfiado daquele homem.
e) Ele era o diretor da escola.
f) O doutor Paulo é professor e médico.
g) Completamente feliz ninguém é.
h) Os retirantes pareciam tristes.
i) Curitiba é uma cidade-modelo.
j) Estes livros são nossos.
k) Estavam roxos os olhos do rapaz.
l) A garota parecia abatida.
m) Minha casa era aquela.
n) Isto é tudo.

17. Escreva **V** para predicado verbal e **N** para predicado nominal.

a) O mar arrebenta na praia. ( )
b) Não pude alcançar o ônibus. ( )
c) Eu estou muito cansado. ( )
d) As crianças ficam muito animadas nas férias. ( )
e) Os rios carregam galhos e troncos. ( )

18. Observe os exemplos e escreva qual o tipo de predicado de cada oração.

> As estrelas parecem pequenas.
> **predicado nominal**
> Nós saímos cedo.
> **predicado verbal**

a) A sessão de cinema estava lotada.

b) Os documentários são excelentes.

c) O público comprou a ideia.

d) A plateia gritava.

e) Todos aplaudiam o discurso.

f) A família comprou pipoca na sala de espera.

g) A comédia foi muito previsível.

h) Toda profissão tem seus problemas.

i) O ator era conhecido.

j) Ela ficou feliz com a notícia.

k) Você parecia preocupado.

ORTOGRAFIA – VAMOS ESCREVER CERTO?

Observe o emprego destas palavras parecidas:
- cesta – cesto

Mexiam na **cesta** de papéis.
Remexiam no **cesto** de papéis.
- sexta – sexto

Faltou à aula na **sexta**.

Foi o **sexto** colocado na corrida.
- **sexta** e **sexto** são numerais ordinais.

1. Agora, complete as frases, empregando **cesta** ou **cesto**, **sexta** ou **sexto**.

a) O evento acontecerá na _____, às 21h, em frente ao museu.

b) O aluno esvaziou o _____.

c) Já é a _____ vez que isso ocorre.

d) A _____ de produtos fez sucesso no trabalho.

e) O nome do filme que ela indicou é O _____ sentido.

2. Nas frases abaixo, encontre palavras que pertençam à mesma família. Em seguida, separe-as de acordo com o quadro.

a) Tenho a consciência tranquila.

b) O programa político procura conscientizar os eleitores.

45

c) Helena estava consciente do que estava fazendo.

d) Os feridos já estavam inconscientes.

e) Henrique era um rapaz cônscio dos seus deveres.

f) A pessoa conscienciosa não engana o próximo.

g) Pode ser perigoso agir inconscientemente; devemos agir conscientemente.

substantivos	adjetivos

verbos	advérbios

POR QUE OU PORQUE
Usa-se **por que** (separado) nas interrogações e **porque** (junto) nas respostas.
Usa-se por que (separado) quando pode ser substituído pelas expressões "por qual razão" ou "pela(s) qual(ais)".

3. Complete as frases usando **por que** ou **porque**.

a) _____ você não leva o cachorro ao veterinário?

b) Eu não vou chegar mais cedo _____ tenho de estudar.

c) Gostaria de saber _____ ele nunca ouve meus conselhos.

d) Esta é a causa _____ lutarei para sempre.

e) A receita não deu certo _____ coloquei ingredientes a menos.

DITADO

4. Revisão

1. Forme o diminutivo das palavras abaixo, usando o sufixo **-ola**. Veja o modelo.

> fazenda   **fazendola**

a) criança
b) rapaz
c) aldeia
d) bandeira
e) casa
f) porta

2. Substitua o pronome possessivo pelo pronome oblíquo adequado. Veja o modelo.

> Os **pronomes possessivos** devem ser usados com critério. Substituí-los por pronomes oblíquos pode deixar a frase mais fluente e elegante.

> Foi a primeira onda que veio ao **seu** encontro.
> Foi a primeira onda que **lhe** veio ao encontro.

a) O vento vindo do mar acariciava **seus** cabelos.

b) Aquele sorriso arrebatou **seu** coração.

c) Beijou **seu** rosto e foi embora.

d) O reflexo do sol cega **seus** olhos.

e) Rodopiavam, na **minha** cabeça, imagens horríveis.

f) Emocionado, agradeceu **minha** ajuda.

3. Escreva o antônimo das palavras abaixo servindo-se do prefixo **des-**. Veja o exemplo.

> confiança   **desconfiança**

a) amassar
b) acostumado
c) cortês
d) aconselhável
e) fazer
f) abotoar
g) prezar
h) ânimo
i) conforto
j) acato

4. Acrescente o prefixo **re-** aos verbos e, em seguida, crie uma frase para cada um deles.

> O prefixo **re-** dá a ideia de repetição: ver – **rever**; vender – **revender**.

a) acender

b) começar

c) nascer

d) editar

e) mexer

f) animar

g) fazer

h) passar

5. Circule apenas as palavras em que re- é prefixo.

reflorestar   relatar
rever   reparar   renumerar
repaginar   recordar   reter
repensar   registrar

6. Conjugue o verbo **incomodar-se** no presente do indicativo, na forma negativa, acrescentando-lhe um complemento. Veja o exemplo.

> **Eu não me incomodo com** o barulho do mar.

a) Tu não

b) Ele não

c) Nós não

d) Vós não

e) Eles não

7. Observe o exemplo e depois responda a que se referem os coletivos seguintes.

súcia de malandros

a) galeria
b) pinacoteca
c) réstia
d) elenco
e) enxame
f) frota
g) flora
h) atlas
i) fauna

8. Observe o modelo e empregue os sufixos **-eza** ou **-esa**.

puro   pureza

a) certo
b) malvado
c) triste
d) franco
e) belo
f) delicado

francês   francesa

g) chinês
h) inglês
i) freguês
j) burguês
k) milanês
l) japonês

9. Empregue as vírgulas corretamente.

a) Numa noite enquanto meus colegas dormiam levantei para contemplar a lua.

b) O rapaz da janela do trem contemplava embevecido a paisagem.

c) Bom dia Jorge.

d) As árvores os pássaros os animais domésticos os colonos todos se agitavam com a aproximação do temporal.

10. Complete as palavras com **o** ou **u**.

a) reb_liço
b) jab_ticaba
c) b_eiro
d) m_squito
e) eng_lir
f) c_berta
g) búss_la
h) nód_a
i) ent_pir

11. As palavras seguintes são proparoxítonas. Acentue-as corretamente, sublinhando a sílaba tônica.

a) exito
b) extase
c) fenomeno
d) folego
e) habito
f) hungaro
g) nautico
h) pessego
i) quilometro
j) transito
k) umido
l) veiculo
m) xicara
n) alcool
o) bussola
p) cedula
q) desanimo
r) esplendido

12. Empregue corretamente **viagem** (substantivo) e **viajem** (verbo).

a) Fizemos uma _____ tranquila e agradável.
b) Não quero que vocês _____ à noite.
c) É importante que elas _____ bem descansadas e com o carro em ordem.
d) Você já programou sua _____ de férias?

13. Passe para o feminino os substantivos em destaque, empregando corretamente o sinal de crase.

a) Márcia mostrou o caderno **ao pai**.

b) Pedi um favor **ao professor**.

c) Enviei uma carta **ao prefeito**.

d) O professor explicou a lição **aos alunos**.

ADJETIVO
É a palavra que expressa uma qualidade do substantivo.
Clara era uma pessoa **iluminada** e **linda**.
↓   ↘   ↙
substantivo   adjetivos

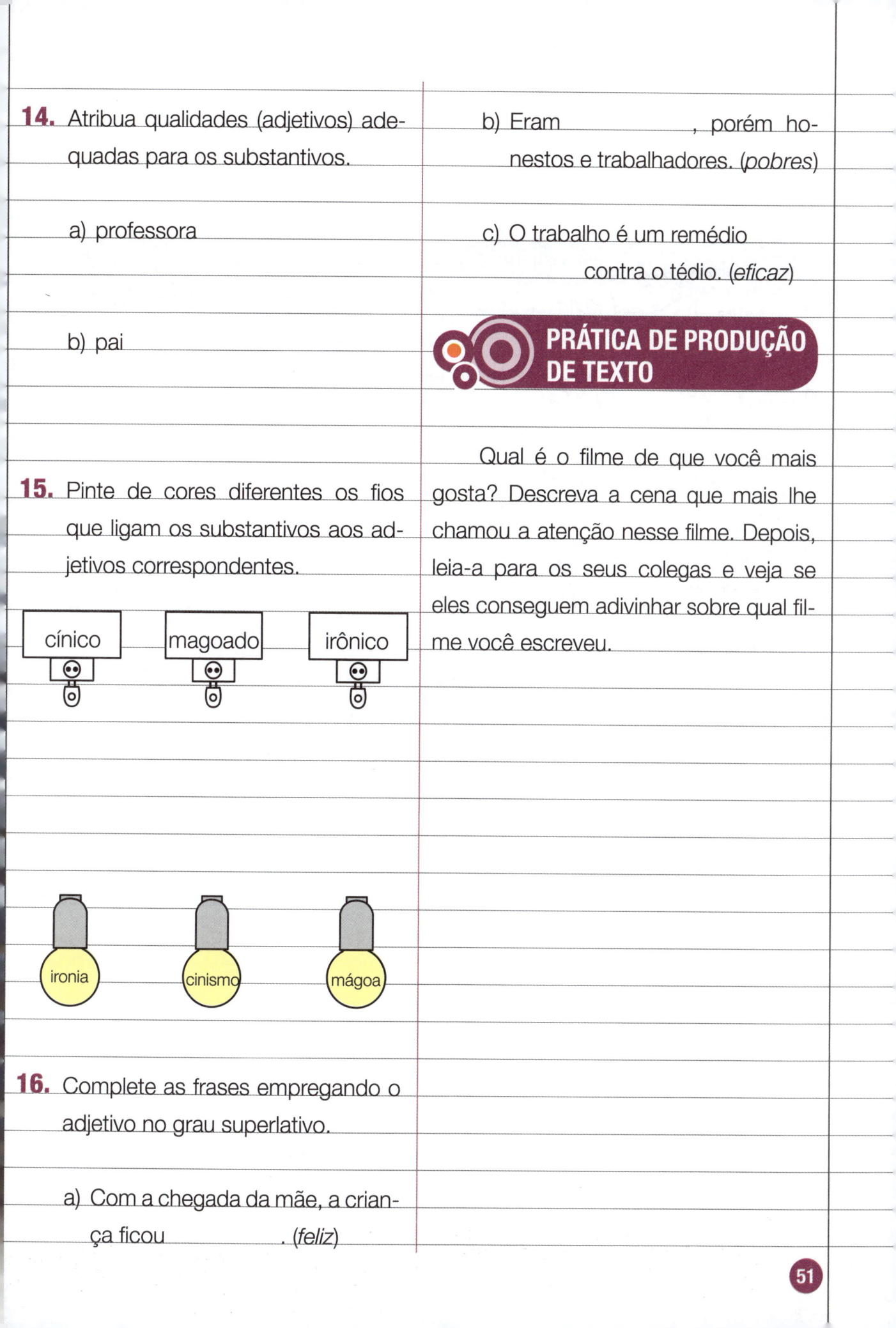

14. Atribua qualidades (adjetivos) adequadas para os substantivos.

a) professora _____

b) pai _____

15. Pinte de cores diferentes os fios que ligam os substantivos aos adjetivos correspondentes.

| cínico | magoado | irônico |

| ironia | cinismo | mágoa |

16. Complete as frases empregando o adjetivo no grau superlativo.

a) Com a chegada da mãe, a criança ficou _____. (*feliz*)

b) Eram _____, porém honestos e trabalhadores. (*pobres*)

c) O trabalho é um remédio _____ contra o tédio. (*eficaz*)

PRÁTICA DE PRODUÇÃO DE TEXTO

Qual é o filme de que você mais gosta? Descreva a cena que mais lhe chamou a atenção nesse filme. Depois, leia-a para os seus colegas e veja se eles conseguem adivinhar sobre qual filme você escreveu.

5. Predicado – I

1. Leia o texto a seguir e responda às questões.

a) Na frase "O coração é um grande músculo", que verbo liga o sujeito ao predicativo?

b) Nessa mesma frase, qual é o núcleo do sujeito?

c) Na frase "Ele bombeia sangue para o corpo inteiro", o verbo **bombeia** pede complemento. Que palavra completa o sentido desse verbo?

d) Na frase "Então digitei", o verbo **digitar** pede complemento. O que o personagem diz que digitou?

e) O verbo e a locução em destaque na oração a seguir pedem complemento. Complete a frase com as palavras adequadas.

Um coração humano adulto **pode fazer** _____ suficiente para **esguichar** _____ a até 10 metros.

VERBOS INTRANSITIVOS, VERBOS TRANSITIVOS E VERBOS DE LIGAÇÃO

O **verbo**, e só ele pode formar o predicado ou com o auxílio de outras palavras que compõem seu sentido. Assim, temos verbos que não pedem complemento e verbos que pedem complemento.

- Os verbos que não pedem complemento chamam-se **verbos intransitivos**.

Clara **sorriu**.

O verbo, **sozinho**, forma o predicado, sem o auxílio de outras palavras. Todavia, os verbos intransitivos podem vir acompanhados de **circunstâncias adverbiais** de tempo, lugar, modo, intensidade etc.

Clara <u>sorriu</u> <u>naquele momento</u>.
     ↓   ↓
  intransitivo   circunstância de tempo

- Os verbos que pedem complemento podem ser **verbos transitivos diretos, verbos transitivos indiretos** e **verbos de ligação**.

Eu **bebo** leite. (**verbo transitivo direto**)
Eu **gosto** de leite. (**verbo transitivo indireto**)
Eu **estou** triste. (**verbo de ligação**)

2. Acrescente ao sujeito um verbo intransitivo.

a) O galo

b) A flor

c) A árvore

d) As crianças

3. Acrescente ao sujeito um verbo intransitivo seguido de uma circunstância adverbial de tempo, lugar, modo etc.

a) O livro de artes

b) O atleta

c) A balconista

d) O cliente

VERBO TRANSITIVO DIRETO

Para formar o predicado, o verbo transitivo direto precisa de complemento, **sem** o auxílio de preposição.

Clara **fechou** (o quê?) **a porta**.

Os alunos **abriram** (o quê?) **os livros**.

↓ verbo trans. direto

↓ complemento: objeto direto

Observe que as palavras **porta** e **livros** completam diretamente o sentido dos verbos, sem o auxílio de preposição.

4. Complete as frases com um verbo transitivo direto.

a) O professor _____ as provas.

b) O mecânico _____ o carro.

c) O vento _____ a árvore.

d) O povo _____ o candidato.

e) Os alunos _____ o livro.

f) O menino _____ o vaso.

g) A empregada já _____ as batatas.

5. Os verbos das frases abaixo são transitivos diretos. Complete-os com os objetos diretos adequados.

a) Eu comprei _____ na padaria.

b) Nós comemos _____ no jantar.

c) A costureira faz _____, o agricultor planta _____ e o mecânico conserta _____.

d) Já lemos este _____ e copiamos _____.

e) O menino quebrou _____ na cozinha.

f) Este músico toca _____ muito bem.

6. Sublinhe apenas os verbos intransitivos.

a) As crianças dormem.

b) Quebraram meu gravador.

c) O ônibus partiu cedo.

d) O menino chorou muito.

e) Gostamos de chocolate.

f) O céu escureceu.

g) Visitei meus amigos.

VERBO TRANSITIVO INDIRETO

O verbo transitivo indireto precisa de complemento com auxílio de preposição.

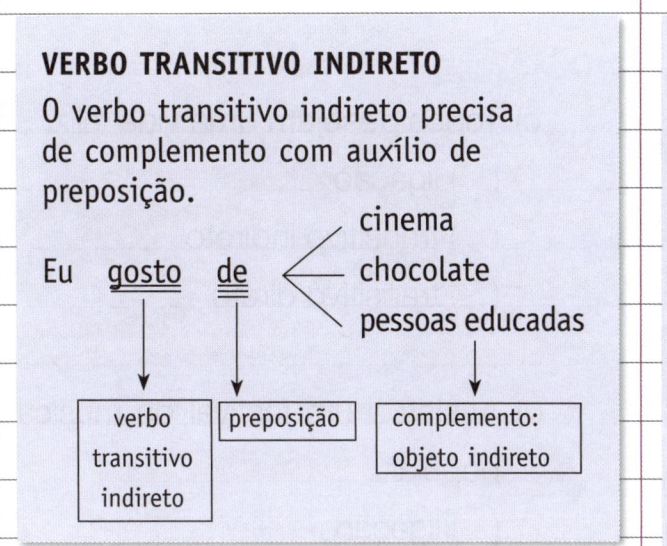

Eu <u>gosto</u> <u>de</u> → cinema / chocolate / pessoas educadas

- gosto → verbo transitivo indireto
- de → preposição
- cinema / chocolate / pessoas educadas → complemento: objeto indireto

VERBO TRANSITIVO DIRETO E INDIRETO

O verbo transitivo direto e indireto pode ter dois complementos: um sem preposição e outro com preposição.

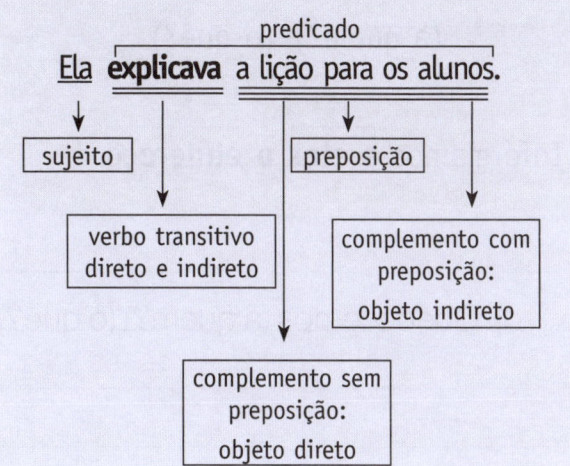

Ela **explicava** a lição para os alunos. (predicado)

- Ela → sujeito
- explicava → verbo transitivo direto e indireto
- a lição → complemento sem preposição: objeto direto
- para → preposição
- os alunos → complemento com preposição: objeto indireto

7. Sublinhe os verbos transitivos indiretos.

a) Ninguém assistiu ao jogo.
b) O professor explicou a lição.
c) Confio em você.
d) O espetáculo agradou a todos.
e) Cuide de sua saúde.
f) Comprei um terreno perto do seu.
g) O professor presidiu a sessão.

8. Os verbos das frases abaixo são transitivos indiretos. Complete-os com um objeto indireto.

a) Isso interessa a _____.
b) Obedeça ao _____.
c) Recorri à (ao) _____ naquela situação difícil.
d) Preciso de _____ para pagar minhas dívidas.
e) Você já cogitou em _____ ?
f) Lutei contra _____.

9. Faça frases com os verbos transitivos diretos e indiretos usando complementos adequados. Veja o modelo.

Informamos <u>o endereço</u> <u>a eles</u>.
(o quê?) (a quem?)

a) Demos (o quê?) (a quem?)

b) Pedimos (o quê?) (a quem?)

c) Expliquei (o quê?) (a quem?)

> **Atenção:**
>
> É possível inverter a ordem dos complementos e preservar o sentido.
>
> (a quem?) (o quê?)
>   ↑   ↑
> Informamos **a eles o endereço**.

d) Obedecemos (a quem?) (o quê?)

e) Devolvi (a quem?) (o quê?)

f) Prometi (a quem?) (o quê?)

10. Classifique os verbos em intransitivos, transitivos diretos, transitivos indiretos, transitivos diretos e indiretos ou de ligação.

a) **Mando-lhe** um grande abraço.
   ( ) trans. direto e indireto
   ( ) intransitivo
   ( ) ligação

b) Este livro? Vou **lê-lo**.
   ( ) intransitivo
   ( ) transitivo direto
   ( ) ligação

c) Todos **desejam** uma vida feliz.
   ( ) ligação
   ( ) transitivo indireto
   ( ) transitivo direto

d) **Assisti** a um festival de música popular.
   ( ) ligação
   ( ) transitivo indireto
   ( ) intransitivo

e) O médico **cuidou** do doente.
   ( ) transitivo direto
   ( ) transitivo indireto
   ( ) intransitivo

f) Vou **chamar** um guarda.
   ( ) transitivo direto
   ( ) transitivo indireto
   ( ) ligação

g) Os pássaros **voam**.
   ( ) intransitivo
   ( ) ligação
   ( ) transitivo indireto

h) Minha mãe ainda não **voltou**.
   ( ) intransitivo
   ( ) transitivo direto
   ( ) ligação

i) **Obedeça** aos pais.
( ) intransitivo
( ) transitivo direto
( ) transitivo indireto

j) **Pagarei** o prejuízo ao dono do carro.
( ) intransitivo
( ) ligação
( ) transitivo direto e indireto

k) Vocês **são** educados.
( ) intransitivo
( ) ligação
( ) transitivo indireto

l) Você **está** contente?
( ) intransitivo
( ) ligação
( ) transitivo direto

11. Classifique os verbos em destaque, escrevendo ao lado, conforme convenha: **VL** (verbo de ligação), **VI** (verbo intransitivo), **VTD** (verbo transitivo direto), **VTDI** (verbo transitivo direto e indireto).

Por que não consigo ficar longos períodos de tempo sem respirar?
O ser humano não consegue ficar sem respirar ( ) devido a um mecanismo fisiológico que o obriga a manter o processo respiratório. O corpo é ( ) dotado de receptores periféricos, que percebem quando está faltando ( ) oxigênio ou há excesso de gás carbônico (que é o que ocorre quando a pessoa para de respirar).
Eles enviam ( ) mensagens para o cérebro comandar ( ) o processo respiratório, obrigando o retorno à respiração. Por esse motivo, é difícil ficar sem respirar: a obtenção de oxigênio é ( ) fundamental para a manutenção das atividades do corpo humano e da vida.

Quem responde: Adalberto Rubin, pneumologista e diretor da Sociedade Brasileira de Pneumologia e Tisiologia (SBPT).
Viva Saúde. Ano 9. Junho de 2013.

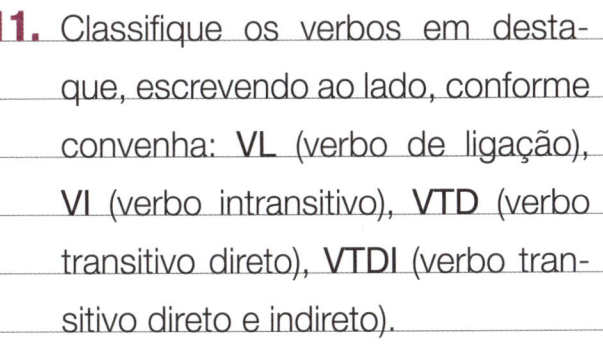

ORTOGRAFIA – VAMOS ESCREVER CERTO?

1. Complete as palavras com as letras que faltam.

a) ve__ame
b) preci__ava
c) almo__ar
d) e__ame
e) trou__a
f) espi__ar

2. Separe as sílabas e represente o fonema a que a letra **x** corresponde. Veja o modelo.

executar   e-xe-cu-tar (som de **z**)

a) exibição

b) deixar

c) aproximação

d) abaixou

e) exame

f) táxi

g) exceder

h) xícara

3. Forme o feminino dos adjetivos que exprimem nacionalidade (adjetivos pátrios). Observe o modelo.

inglês   **inglesa**

a) francês
b) português
c) calabrês
d) holandês
e) escocês
f) japonês

4. Complete as palavras com l ou com u.

a) Os a__tomóveis são também chamados de a__tos.

b) Ca__ma! O a__moço já está quase pronto.

c) As a__toridades a__mentaram a__guns impostos.

d) A__fredo, você conhece a cidade de Poços de Ca__das?

e) A__tair, você gosta de a__face no a__moço?

5. Leia as tirinhas e responda às questões.

FRANK & ERNEST — BOB THAVES

AU-AU-TEZAS

POUPE O VERDE

POUPEI!

O Estado de S. Paulo, 27 jun. 2006.

a) Em que quadrinho há uma palavra que não segue a ortografia padrão? Por que houve a alteração?

b) Que palavra poderia ser usada na placa substituindo o vocábulo "Poupe"?
( ) Acumule ( ) Junte ( ) Preserve

c) Escreva uma frase com o verbo **poupar**, no indicativo presente e na terceira pessoa do singular.

PRÁTICA DE PRODUÇÃO DE TEXTO

As figuras a seguir mostram cenas de um passeio.

Suponha que você tenha participado dele.

Observe as figuras, use sua imaginação e conte como "foi" esse passeio.

Você pode se servir das seguintes perguntas para criar o seu texto.

- Quando foi o passeio?
- Em companhia de quem?
- Como estava o tempo?
- Qual é o nome do lugar?
- Como era? Alegre?
- Como passou o tempo?
- Fez novas amizades? Com quem?
- Gostaria de voltar ao mesmo lugar? Por quê?
- Valeu a pena? Como foi a volta?

6. Predicado – II

VERBO INTRANSITIVO
O verbo intransitivo não pede complemento.
O navio **apita**.
O trem **partiu**.
O trem partiu **de manhã**.
↓
de manhã é apenas uma circunstância de tempo acrescentada ao verbo

Lembre que:

Verbo transitivo direto é aquele que exige um complemento sem preposição. Esse complemento é o **objeto direto**.

Para identificar o objeto direto, perguntamos ao **verbo**: "o quê?" ou "quem?".

1. Ligue o sujeito ao verbo intransitivo.

O trem   muge.
O peixe   partiu.
O vento   nada.
A vaca   sopra.

2. Ligue o sujeito ao verbo intransitivo.

O trem   muge no pasto.
O peixe   partiu cedo.
O vento   nada no riacho.
A vaca   sopra forte.

Concluindo
O verbo intransitivo pode vir acompanhado de adjuntos adverbiais de lugar, tempo, modo etc.

3. Os verbos seguintes são transitivos diretos. Complete-os com um objeto direto. Veja o modelo.

Encontrei (quem?) **meu amigo**.

a) O padeiro faz

b) O agricultor planta

c) As plantas produzem

d) Invente

e) Já achei

f) Visitamos

g) Por favor, feche

h) Lave

4. Associe os objetos diretos aos seus verbos.

a) O turista visitou a gruta
b) O menino comeu
c) A mãe amamentava
d) O doente tomou
e) Aquele carro atropelou
f) O devedor pagou

( ) o macarrão
( ) o remédio
( ) o cachorro
( ) a dívida
( ) o filho
( ) de Maquiné

VERBO TRANSITIVO INDIRETO
Verbo transitivo indireto é aquele que exige um complemento introduzido por uma preposição. A esse complemento damos o nome de objeto indireto.
Preciso de sua ajuda.
Preciso de quê?
Preciso **de sua ajuda**.
↓
objeto indireto
Para achar o objeto indireto fazemos as perguntas: "de quê?", "de quem?", "a quê?", "a quem?", "em quê?", "em quem?".
Confiamos em você.
Confiamos em quem?
Confiamos **em você**.
↓
objeto indireto

As preposições mais usadas são **a, de, em, por, para, contra**.

5. Dê o que cada um dos verbos transitivos indiretos exige com um objeto indireto. Observe como os verbos transitivos indiretos exigem preposição. Veja o modelo.

Gosto (de quê?) **de queijo**.

a) Acredito **em**
b) Assistiu **ao**
c) Obedeça **aos**
d) Lembre-se **de**
e) Isso agrada **a**
f) Preciso **de**

6. Forme frases que tenham objetos diretos, com os verbos seguintes. Depois, sublinhe os objetos. Veja os modelos.

Adoro escutar **música romântica**. (escutar)
Escute **os conselhos** de pessoas sábias.

a) compreender

b) fazer

c) ganhar

d) cumprimentar

7. Quanto à predicação, como se chamam os verbos que possuem objeto direto?

8. Forme frases que tenham objetos indiretos, com os verbos seguintes. Depois, sublinhe os objetos. Veja os modelos.

> Eu necessito de mais tempo para terminar o trabalho. (**necessitar**)
> Ele necessita de seu apoio para vencer as dificuldades que se apresentam.

a) precisar

b) confiar

c) participar

d) depender

e) assistir

9. Complete a frase a seguir.
Os verbos transitivos indiretos são seguidos de _____.

10. Responda às perguntas empregando um objeto indireto. Depois, sublinhe-o. Veja o modelo.

> A quem você recorre quando está com dificuldades?
> Eu recorro aos meus amigos.

a) De que fruta elas mais gostam?

b) Você votou a favor ou contra o meu projeto?

c) Você se lembra de quem estudou com você no 6º ano?

d) A quem eles enviaram as reclamações do bairro?

e) Eles precisam de quê?

f) De que matéria escolar você mais gosta?

g) Sua amiga dependia de que para ir à festa?

h) A que se refere o assunto do livro que você está lendo?

11. Complete o anúncio de emprego com um objeto indireto.

Estamos precisando

12. Responda às perguntas, empregando um objeto indireto.

> Em quem você não votaria?
> Eu não votaria em **políticos corruptos**.

a) Em quem eles confiam?

b) De que doce elas mais gostam?

c) De que você mais precisa?

d) Eles assistiram a quê?

e) Você vive pensando em quem?

f) Você costuma obedecer a quem?

g) Você pagou a consulta a quem?

h) A quem você se refere?

i) Ela se lembra de quê?

13. Responda empregando objetos indiretos. Para isso, combine as preposições com os artigos e os pronomes das expressões entre parênteses.
a) A que o professor aludiu? (*a + o fato*)

b) A quem você pagou a consulta? (*a + o médico*)

c) De que você se lembra? (*de + aquele parque*)

d) Em quem você confia? (*em + os meus pais*)

14. Observe os dois exercícios anteriores e responda: que classe de palavras precede os verbos transitivos indiretos?

15. Complete os verbos transitivos diretos com objetos diretos.

a) Alice contou

b) As alunas apresentarão

c) Agora eu compreendo

d) Procuramos _____, mas não o encontramos.

e) O funcionário lavou

f) Houve

g) Ninguém acertou

16. Para cada um dos verbos seguintes, escreva uma frase com objeto direto. Procure empregar cada verbo num tempo diferente.

a) vender

b) sentir

c) visitar

d) causar

e) discutir

> **Lembre que:**
>
> **Verbo transitivo direto e indireto** é aquele que admite dois complementos: um sem preposição e outro com preposição, ou seja, é aquele que pode vir acompanhado de um **objeto direto e de um indireto**.

17. Recorte, de jornais ou revistas, títulos de notícias que tenham objeto direto e cole-os aqui.

18. Acrescente objetos diretos e indiretos aos verbos transitivos diretos e indiretos. Veja o modelo.

>   (o quê)   (a quem?)
>   ↑   ↑
> Ofereci ajuda ao velhinho.

a) Oferecemos

b) Ensinava

c) Nós demos

d) Devolveram

e) Apresentamos

> **Lembre que:**
>
> O verbo de ligação une (liga) uma qualidade ou estado ao sujeito.
>
> <u>A floresta</u> é <u>linda</u>.
> ↓ ↓
> sujeito   qualidade (predicativo)

19. Complete as frases com um predicativo (qualidade, estado) do sujeito.

a) As crianças estão

b) O professor é

c) A noite parece

d) Nós ficamos

e) Ele permaneceu

f) A cidade continua

g) Minha amiga anda

h) O jogo tornou-se

Vá convidar **seus amigos**.
↓
Vá convidá-**los**.

20. Agora, continue fazendo as substituições adequadas.

a) O cão mordeu **a lebre**.

b) Escrevi **uma carta**.

c) Vamos cortar **a lenha**.

d) Vou resolver **os problemas**.

> ➢ Os pronomes oblíquos **lhe, lhes** exercem a função de **objeto indireto**.
>
> ➢ Os pronomes oblíquos **me, te, se, nos, vos** podem exercer função de **objeto direto** ou de **indireto**.
>
> Ele <u>**nos**</u> deu um presente.
> ↓
> a nós, para nós (objeto indireto)
>
> Mostrei-**lhes** a sucuri.
> ↓
> a eles, para eles (objeto indireto)
>
> Nós <u>**te**</u> levamos para ver o *show*.
> ↓
> (objeto direto)

O **objeto direto** pode ser substituído pelos pronomes oblíquos **o, a, os, as, lo, la, los, las**.

Convide **os amigos** para entrar.
↓
Convide-**os** para entrar.

21. Classifique os pronomes destacados em objeto direto ou indireto.

a) Ela **me** disse que viria.

b) Devolvi-**lhe** o disco.

c) Cláudia **nos** convidou.

d) Mandou-**lhes** um abraço.

e) Peço-**vos** perdão pelo engano!

f) Todos **te** aguardam com ansiedade.

g) Desejo **para ti** muito sucesso.

h) Quanto ao livro, entregou-**o** na portaria.

22. Escreva I para verbo intransitivo, T para verbo transitivo e L para verbo de ligação.

a) O trem já **chegou**. ( )
b) O tempo **mudou**. ( )
c) O caboclo **saiu** cedo. ( )
d) **Compramos** um sítio. ( )
e) **Acredito** em você. ( )
f) Já **achei** o livro. ( )
g) Você **está** feliz? ( )

ORTOGRAFIA – VAMOS ESCREVER CERTO?

EMPREGO DA CEDILHA
A cedilha é um sinal gráfico que se coloca debaixo do **c**, antes de **a**, **o**, **u**, para indicar que o **c** tem o som de **s**.

1. Complete as lacunas, empregando devidamente as palavras do quadro.

açúcar – almaço – construção – arruaça
caçula – balança – irrigação – babaçu
abraçou – alçapão – justiça – açude
moço – caçoavam

a) A mãe fazia todas as vontades do filho mais _____, isto é, do filho _____.

b) A cultura da cana-de-_____ é uma das principais riquezas do Brasil.

c) A _____ é o símbolo da _____.

d) _____ ou barragem é uma _____ destinada a represar águas, em geral para fins de _____.

e) _____ é uma armadilha destinada a aprisionar pássaros.

f) A escola pediu cinquenta folhas de papel _____.

g) As crianças _____ dele.

h) A polícia dispersou os manifestantes que faziam _____ em frente à escola.

i) O _____ é uma palmeira do Nordeste de grande utilidade.

j) A mãe _____ o filho.

> Estas palavras são acentuadas por serem paroxítonas terminadas em ditongo oral crescente.
>
> | ânsia | pátio | gêmeo | óleo |
> | rédea | hérnia | Antônio | tênue |
> | mágoa | área | sósia | vitória |
> | água | Páscoa | fêmea | vácuo |
> | róseo | tábua | nódoa | vídeo |

2. Encontre mais dez palavras acentuadas pelo mesmo motivo.

3. Complete a cruzadinha com os verbos correspondentes aos substantivos a seguir. Observe que todos eles se escrevem com **sc**.

1. disciplina
2. fascínio
3. nascimento
4. crescimento
5. florescimento
6. descendência
7. descida
8. rescisão
9. consciência

DITADO

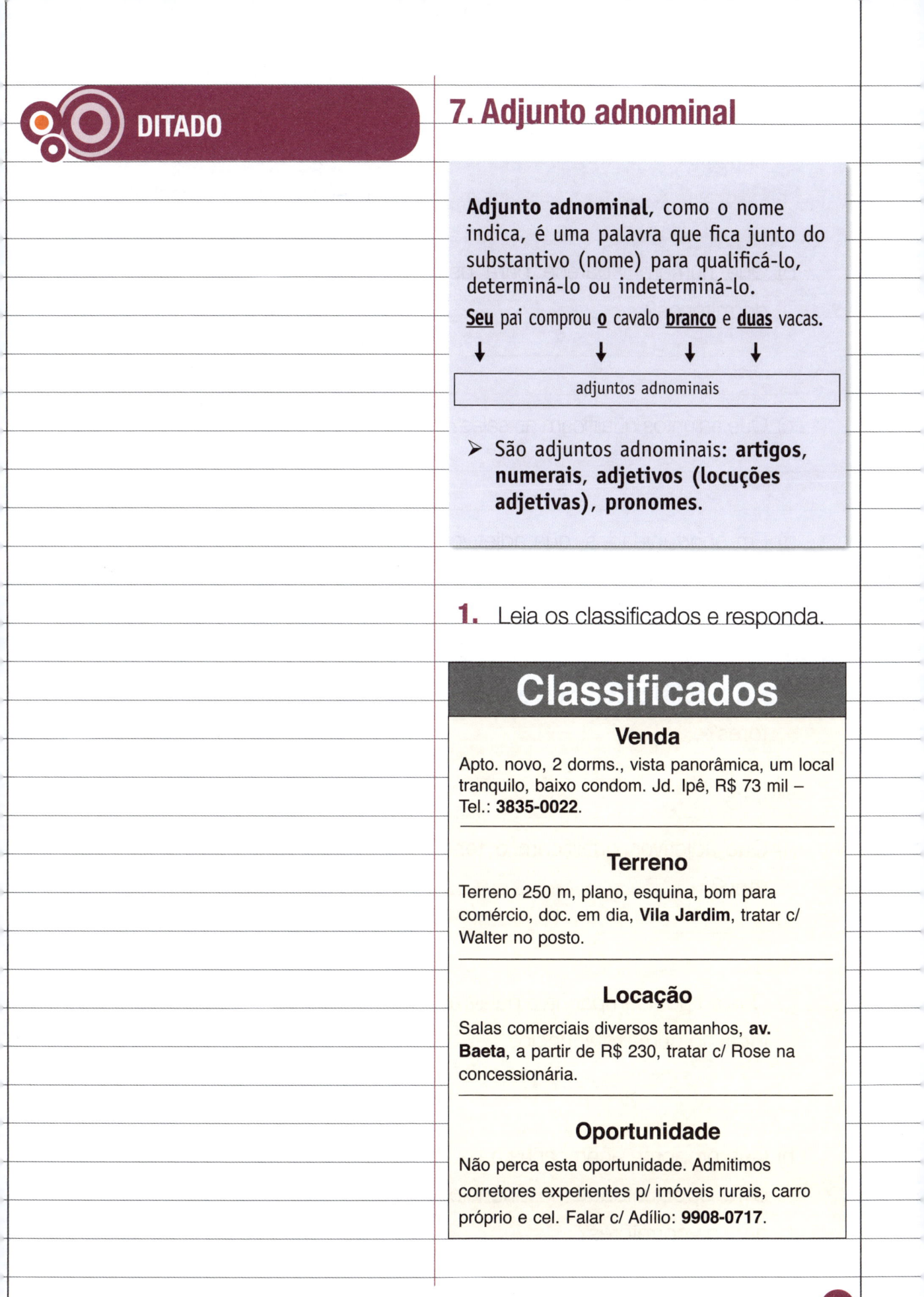

7. Adjunto adnominal

Adjunto adnominal, como o nome indica, é uma palavra que fica junto do substantivo (nome) para qualificá-lo, determiná-lo ou indeterminá-lo.

<u>Seu</u> pai comprou <u>o</u> cavalo <u>branco</u> e <u>duas</u> vacas.

↓ ↓ ↓ ↓

adjuntos adnominais

➢ São adjuntos adnominais: **artigos, numerais, adjetivos (locuções adjetivas), pronomes.**

1. Leia os classificados e responda.

Classificados

Venda

Apto. novo, 2 dorms., vista panorâmica, um local tranquilo, baixo condom. Jd. Ipê, R$ 73 mil – Tel.: **3835-0022**.

Terreno

Terreno 250 m, plano, esquina, bom para comércio, doc. em dia, **Vila Jardim**, tratar c/ Walter no posto.

Locação

Salas comerciais diversos tamanhos, **av. Baeta**, a partir de R$ 230, tratar c/ Rose na concessionária.

Oportunidade

Não perca esta oportunidade. Admitimos corretores experientes p/ imóveis rurais, carro próprio e cel. Falar c/ Adílio: **9908-0717**.

a) Que adjetivo caracteriza o apartamento?

b) Que numeral aparece para os dormitórios?

c) Que adjuntos qualificam as salas?

d) Em oportunidades, que adjetivo acompanha a palavra **imóveis**?

e) E que adjetivo caracteriza **corretores**?

f) Que adjetivos qualificam o **terreno**?

g) Que artigo acompanha a palavra **local** no primeiro anúncio?

h) Que pronome acompanha a palavra **oportunidade** no anúncio para os corretores?

2. Sublinhe no texto abaixo os artigos definidos e indefinidos, relacionando-os com uma flecha aos substantivos a que se referem.

> Os **artigos definidos** e **indefinidos** são adjuntos adnominais quando acompanham os substantivos.
> **Os** meninos sorriram. **Ela** fez uma torta.

Tudo

Tudo quanto me emburra

é uma surra.

Tudo quanto me anima

é uma rima.

Tudo quanto me enrola

é uma bola.

Tudo quanto me encanta

é uma planta.

Tudo quanto me invade

é a amizade.

Maria Dinorah. *Cantiga de estrela*. Porto Alegre: Mercado Aberto, 1991.

> Os **numerais** são adjuntos adnominais quando acompanham substantivos.
> Marina ganhou **três** presentes.

3. Sublinhe os numerais.

a) A escada possui dezesseis degraus.

b) Esta é a primeira vez que viajo.

c) Sentou-se na décima carteira.

d) O ano possui trezentos e sessenta e cinco dias.

e) Completo treze anos no oitavo mês do ano.

f) A professora pergunta ao garotinho:
– Você também vai ser oftalmologista, igual ao seu pai?
– Não, "tia", vou ser dentista.
– Por que, meu filho?
– Porque as pessoas só têm dois olhos, mas têm trinta e dois dentes...

Piadas de médico. Rio de Janeiro: Ediouro, s.d.

Os **adjetivos** são adjuntos adnominais quando acompanham o substantivo. Mas se o adjetivo e o substantivo estiverem separados por verbo de ligação, o adjetivo **não** é adjunto adnominal.

Tenho um coelho **orelhudo**.
↓
adjunto adnominal

O gatinho está **magro**.
↓
predicativo

---

4. Sublinhe os adjetivos que exercem a função de adjunto adnominal, e relacione-os com uma flecha aos substantivos a que se referem.

a) O bom menino ficou triste ao ver o gatinho abandonado.

b) O gatinho possuía um pelo macio, porém estava sujo.

c) O menino encontrou um nome apropriado para o gatinho preto.

5. Sublinhe os adjuntos adnominais da estrofe seguinte. Veja o exemplo.

Vende-se <u>uma</u> casa <u>encantada</u>

no topo da mais alta montanha.
Tem dois amplos salões
onde você poderá oferecer banquetes
para os duendes e anões
que moram na floresta ao lado.

Roseana Murray. *Classificados poéticos*. Belo Horizonte: Miguilin, 1998.

6. Sublinhe os adjuntos adnominais no texto seguinte.

Um recordista mundial está de cama com um terrível resfriado.

– Você está com febre alta – diz o médico.

– Quanto, doutor? – pergunta o recordista.

– 41 graus.

– E de quanto é o recorde mundial?

Piadas de médico. Rio de Janeiro: Ediouro, s.d.

7. Sublinhe os adjuntos adnominais.

a) A beleza exterior se engrandece quando há beleza interior.

b) De nada adianta um bom conselho acompanhado de um mau exemplo.

c) Há pessoas simpáticas, atraentes, apesar de seus defeitos, assim como há pessoas antipáticas, repulsivas, apesar de seus méritos.

8. Complete as frases com um adjetivo que exerça a função de adjunto adnominal.

a) Chico encontrou um gatinho _____

b) Minha mãe é uma pessoa muito _____

c) O papagaio é uma ave _____

Os **pronomes** são adjuntos adnominais quando acompanham o substantivo.
Podem ser **adjuntos adnominais** os pronomes:
- **possessivos:** meu, teu, seu...
  <u>Sua</u> boneca é linda!
  <u>Meu</u> casaco é de lã.
- **demonstrativos:** este, esse, aquele...
  <u>Este</u> menino dá um trabalho!
  <u>Aquela</u> mulher é digna.
- **indefinidos:** algum, muito, pouco, vários...
  Tenho **vários** amigos, mas **poucos** irmãos.

---

9. Assinale as classes de palavras que geralmente acompanham os nomes ou substantivos.

( ) artigo ( ) pronome
( ) adjetivo ( ) advérbio
( ) substantivo ( ) preposição
( ) interjeição ( ) conjunção
( ) verbo ( ) numeral

10. Responda às questões.

a) Qual das alternativas contém dois adjuntos adnominais?

( ) Os jogadores saíram de campo revoltados.

( ) Os jogadores revoltados saíram de campo.

b) Quais são os adjuntos adnominais na primeira e na segunda alternativas?

Na primeira: _____

Na segunda: _____

74

11. Invente frases em que apareçam adjuntos adnominais como:

a) artigo (definido ou indefinido)

b) adjetivo (colocado antes ou depois do substantivo)

c) pronome (possessivo, demonstrativo, indefinido)

d) numeral

12. Amplie as frases, acrescentando os adjuntos adnominais solicitados.

a) Os turistas ficaram encantados com a paisagem. (*adjetivos*)

b) _____ filha acabou de receber a visita de _____ representante. (*pronomes possessivos*)

c) _____ foi o melhor dia da minha vida. (*pronome demonstrativo*)

d) _____ dia eu vou chegar lá. (*pronome indefinido*)

13. Sublinhe os adjuntos adnominais que acompanham os substantivos das orações.

a) Uma criança distraída atravessava a rua movimentada quando um guarda atento a salvou de um terrível acidente.

b) A mata virgem abriga muitas espécies de animais silvestres.

14. Amplie as manchetes de jornal, acrescentando adjuntos adnominais.

a) Orientado por Parreira, Felipão repete Europa e adota tecnologia. (UOL Esporte, 23 jan. 2013)

b) Projeto Guri abre 47 mil vagas para cursos gratuitos de música.
(Folha de S.Paulo, 23 jan. 2013)

c) Ovelhas em pasto de vacas. (O Estado de S. Paulo, 15 mar. 2006. Agrícola.)

15. Compare as respostas que você deu acima com as manchetes dos jornais. Qual das duas formas contém informações mais precisas?

16. Na sua opinião, por que nas manchetes dos jornais aparecem poucos adjuntos adnominais?

17. Sublinhe os pronomes possessivos que exercem a função de adjunto adnominal.

> **Lembre que:**
>
> Os **pronomes possessivos** são adjuntos adnominais somente quando acompanham os substantivos a que se referem.

a) Chico conversava com seu gatinho como se fosse com uma pessoa.

b) Minha mãe é compreensiva. E a sua?

c) Os animais eram seus amigos.

d) Nossa sala de aula fica no primeiro andar.

e) Com seu apoio, nossa vida melhorou muito.

f) O que é meu é teu também.

g) Meus pais são exigentes. E os seus?

18. Sublinhe os pronomes demonstrativos que exercem a função de adjunto adnominal.

Lembre que:

Os **pronomes demonstrativos** são adjuntos adnominais se estiverem junto dos substantivos a que se referem.

a) Aquele cachorro late, este não.

b) Não quero nem este, nem aquele.

c) Quem pode trabalhar com este calor?

d) Que menina é esta que não liga para seus pais?

e) Esta fruta é doce, porém aquela é azeda demais.

f) Este carro é mais veloz que aquele.

g) O que você fez com aqueles livros que lhe emprestei?

19. Sublinhe os pronomes indefinidos que exercem a função de adjunto adnominal.

Lembre que:

Os **pronomes indefinidos** são adjuntos adnominais se vierem junto dos substantivos a que se referem.

a) – Onde você encontrou isso?
– Em algum lugar.

b) Diversos animais fugiram do curral.

c) Nenhum aluno conseguiu nota dez.

d) Assista menos televisão.

e) Trabalhamos muito, porém ganhamos pouco dinheiro.

f) Tome bastante água.

g) De que serve tanto dinheiro sem saúde?

h) Não corra tanto!

i) Todo ser humano é mortal.

Locução adjetiva são duas ou mais palavras que fazem o papel de um **adjetivo**.

Quando a locução adjetiva acompanha o substantivo, tem a função de adjunto adnominal.

presente **de rei** = presente **real**
↓ ↓
locução adjetiva   adjetivo
↓ ↓
adjunto adnominal   adjunto adnominal

amor **de mãe** = amor **materno**
↓ ↓
locução adjetiva   adjetivo
↓ ↓
adjunto adnominal   adjunto adnominal

imposto **do estado** = imposto **estadual**
↓ ↓
locução adjetiva   adjetivo
↓ ↓
adjunto adnominal   adjunto adnominal

estados **do Brasil** = estados **brasileiros**
↓ ↓
locução adjetiva   adjetivo
↓ ↓
adjunto adnominal   adjunto adnominal

➢ Nem toda locução adjetiva pode ser substituída por um adjetivo. Encomendamos uma mesa **de madeira**.
↓
locução adjetiva

20. Substitua as locuções adjetivas pelos adjetivos adequados reunidos no quadro. Observe o modelo.

água dos rios – águas **fluviais**

campestres – suíno – lacustre – caprino
marítimos – equino – pluviais – bovino

a) água **das chuvas**

b) vegetação **dos lagos**

c) vento **dos mares**

d) flores **do campo**

e) rebanho **de bois**

f) rebanho **de cabras**

g) rebanho **de porcos**

h) rebanho **de cavalos**

21. Cada frase seguinte só possui um adjunto adnominal. Escreva-o na cruzadinha.

1. Problema difícil, não acha?
2. Sobrevoamos altos picos.
3. Não ouvi nenhum barulho.
4. Diversos alunos chegaram atrasados hoje.
5. Os alunos já podem retirar-se.
6. Já viram outros quadros?
7. Teu pai pediu que voltasses logo.
8. Uns alunos pediram desculpas, outros não.
9. Já se passaram sessenta anos.
10. Com dezesseis anos, já sabia falar inglês.
11. Não vou explicar exercício fácil.
12. Muitos animais se alimentam de plantas.
13. Resolveu tudo em poucos minutos.
14. Nossos colegas portaram-se com dignidade.
15. Compreenderam esta frase?
16. Tua mãe ainda não voltou.
17. Tiramos uma foto do titio hoje.
18. Algum dia, quando crescer, você vai ver que eu tinha razão.
19. Vejo em seus olhos que você não está mentindo.

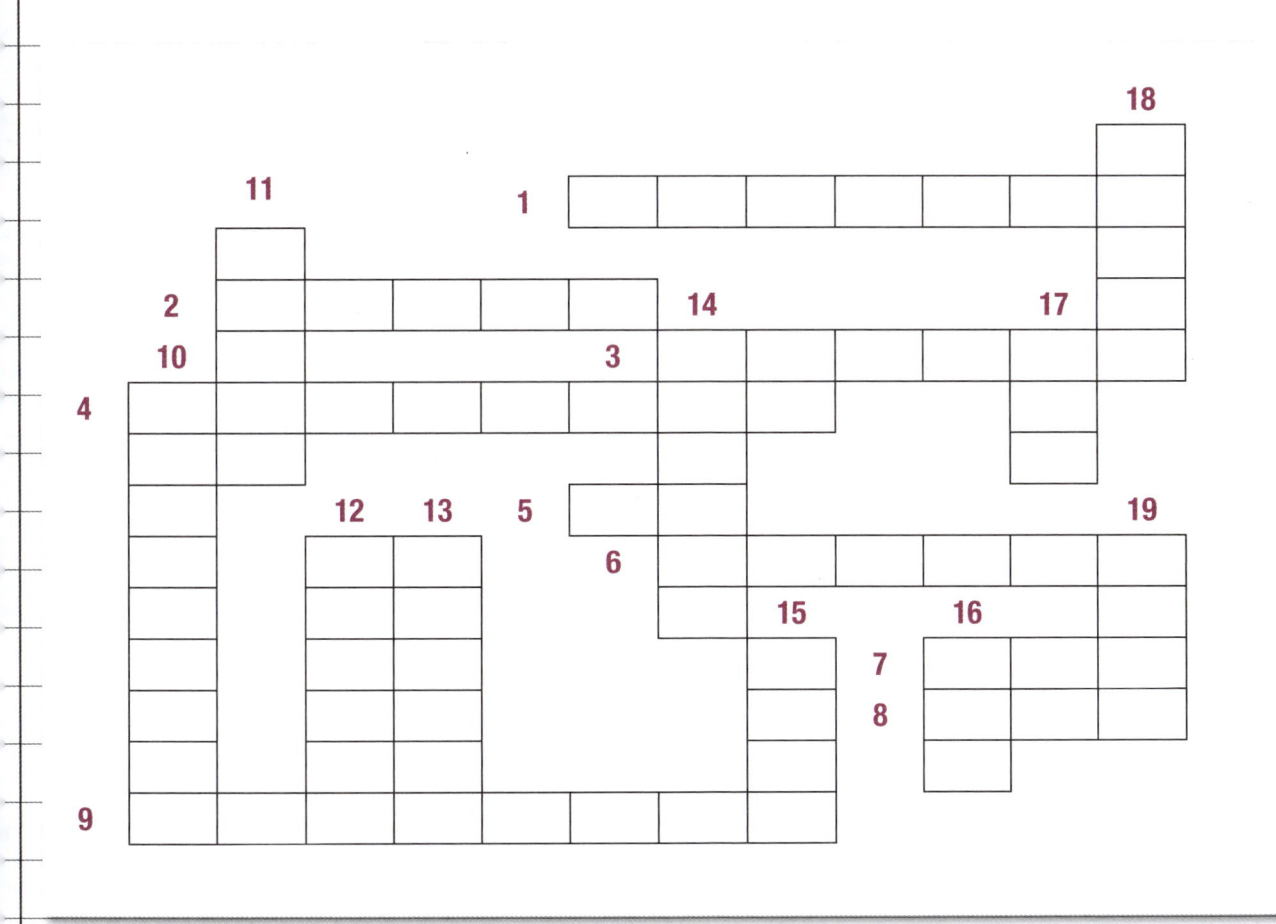

22. Escreva as frases, suprimindo os adjuntos adnominais e observe o efeito. Siga o modelo.

> O velho marinheiro perseguia os piratas.
> **Marinheiro perseguia piratas.**

a) O enorme transatlântico cruza os mares agitados.

b) A ilha deserta abrigava as aves coloridas.

c) Uma forte tempestade fez naufragar duas embarcações.

d) Várias pessoas pediram um cafezinho quente.

23. Complete as frases com adjuntos adnominais.

a) _____ árvores produzem frutos.

b) _____ aluno conseguiu _____ resultados.

c) _____ matas purificam _____ ar.

d) _____ águas _____ causam doenças.

24. Sublinhe os adjuntos adnominais na anedota a seguir.

O médico do sanatório diz ao paciente novo:
– Construímos uma piscina. O senhor não gostaria de dar uma pequena contribuição?
– Com muito prazer. Dou-lhe dois baldes d'água...

Piadas de médico. Rio de Janeiro: Ediouro, s.d.

ORTOGRAFIA – VAMOS ESCREVER CERTO?

1. Acentue as sílabas tônicas e escreva as palavras no plural. Veja o modelo.

> au-to-**mo**-vel   au-to-**mó**-veis

a) **fa**-cil

b) i-**mo**-vel

c) ter-ri-vel

d) po-**ta**-vel

e) sau-**da**-vel

f) con-fi-**a**-vel

Essas palavras são:

( ) oxítonas ( ) paroxítonas
( ) proparoxítonas

2. Dê outros exemplos de palavras paroxítonas terminadas em l e coloque-as no plural.

7. Nome de uma das maiores serpentes do Brasil.

8. As mercadorias podem ser vendidas no atacado ou no...

9. Ato de introduzir remédio líquido no corpo de pessoa doente.

10. Pronome de tratamento que se refere a um rei ou imperador.

3. Resolva a cruzadinha com as respostas do que se pede a seguir.

1. Diz-se de um produto com preço alto.

2. Fruto da laranjeira.

3. Adjetivo derivado do substantivo jeito.

4. Pessoa que possui loja de comércio.

5. Que eu viaje, que tu viajes, que ele viaje, que nós viajemos, que vós viajeis, que eles...

6. Classe gramatical que se usa para expressar sentimentos espontâneos de uma pessoa, como: Oh! Ui! Puxa! Viva!...

PRÁTICA DE PRODUÇÃO DE TEXTO

Imagine que você passou o fim de semana na casa do seu tio. Escreva um bilhete a ele agradecendo a hospedagem.

8. Revisão

Lembre que:

Certos adjetivos mudam de sentido dependendo de sua posição: antes ou depois do substantivo.

1. Explique a diferença de sentido entre os adjetivos destacados nas frases.

a) Comprou um **novo** carro. – O carro era **novo** em folha.

b) Encontrou um **velho** amigo. – O amigo estava **velho** e cansado.

c) **Pobre** homem! – O homem ficou **pobre** depois de ter adoecido.

2. Classifique os substantivos. Veja o exemplo.

> **ninhada:** substantivo comum, simples, concreto, derivado, coletivo

a) cavalo

b) boiada

c) alegria

> Nos diálogos, usamos **dois-pontos** para indicar que um personagem vai falar e **travessão** para indicar a sua fala.

3. Coloque dois-pontos e travessão no texto a seguir.

Qual é a profissão do seu pai, Luís Henrique?
Gerente de supermercado.
E a do seu pai, Mariano?
Marceneiro.
E a professora Lúcia, como quem não quer nada
E o seu pai faz o que, Edinho?
Edinho não pensou duas vezes
Astronauta.

4. Substitua as palavras destacadas por pronomes oblíquos.

a) Não havia recursos para consertar **o carro**.

b) O menino escondeu **os brinquedos**.

c) Eu sabia temperar **leitões**.

d) Comprei **o caminhão** com minhas economias.

e) Costumava ler **o jornal** pela manhã.

Lembre que:

O verbo **haver**, no sentido de **existir**, é impessoal.

5. Escreva as frases no plural. Veja o exemplo.

> **Há** um negócio rendoso.
> Há negócios rendosos.

a) **Há** um esconderijo nas montanhas.

b) **Havia** um leitão assado no banquete.

c) **Haverá** uma nova oportunidade.

d) **Houve** um jogo pelo campeonato ontem.

e) **Há** um aluno estudioso nesta classe.

f) Em toda sociedade, **há** pessoa honesta e desonesta.

6. Relacione as circunstâncias expressas no quadro com as preposições destacadas nas frases abaixo.

> **a** – matéria
> **b** – finalidade
> **c** – causa
> **d** – direção
> **e** – lugar

( ) Fiquei morrendo **de** vergonha.
( ) Abri o meu cofre **de** lata.
( ) Não havia peças **para** reposição.
( ) Morávamos **em** Caratinga.
( ) Não tive coragem de olhar **para** ela.

7. Classifique os pronomes destacados. Observe o exemplo.

> conheci **outra** maneira: **pronome indefinido**

a) pela **minha** casa

b) tirei **todas** as minhas economias

c) fui escondê-**las**

f) quando **certo** dia vi

d) para consertá-**lo**

g) com **aquele** tabuleiro

e) nem **qualquer** possibilidade

9. Adjunto adverbial

1. Preencha os balões com as falas dos personagens e depois responda às questões.

Agora!
Já!
Logo!
Imediat...

Acho que é lá!

Alô! Alô!
Socorro!
Venham aqui!
Rua 3, 85.
É perto! É perto!

Talvez um cano furado...

a) Que personagem está usando advérbios de tempo para pedir socorro?

b) Que advérbio não foi pronunciado completamente? Por que motivo?

c) Que personagem usou advérbios de lugar?

d) Por que ele repetiu o advérbio "perto"?

e) O personagem ao telefone usou advérbios de lugar para indicar o local da inundação. Que frase dita por outro personagem traz um advérbio de lugar?

f) Que frase traz um advérbio que indica dúvida?

ADVÉRBIO

Advérbio, como já sabemos, é uma palavra **invariável** que modifica o sentido de um verbo, de um adjetivo ou de outro advérbio.

A menina é **muito** bonita.
Eu costumava levantar **cedo**.
Ela vestia-se **muito bem**.

➢ Os **advérbios**, as **locuções adverbiais** e as **expressões adverbiais** exercem, na frase, a função de **adjuntos adverbiais**.

Algumas locuções adverbiais:

às cegas, às claras, à toa, a pé, às pressas, a pique, a fundo, às escondidas, às tontas, à noite, às vezes, de repente, de forma alguma, de propósito, de improviso, de súbito, de vez em quando, em breve, em vão, em cima, por fora, por trás, para trás, de perto, sem dúvida, com certeza, passo a passo, vez por outra, neste dia, durante a semana, no mês passado, por baixo, quase sempre etc.

➢ As locuções adverbiais iniciam-se geralmente por uma preposição.

2. Copie as frases, acrescentando os adjuntos adverbiais indicados. Veja o exemplo.

barato – caro
Compra e vende.
Compra **barato** e vende **caro**.

a) cedo – tarde
   Saí e cheguei.

b) jamais – não
   Faria aquilo, se você me apoiasse.

c) certamente – já
   Você ouviu falar nesse assunto.

d) ao longe – lá – na rua
   Vi a filha do major vindo.

e) muito – bastante
   A casa era bonita, mas o jardim estava abandonado.

f) por acaso – nunca
   Você chegou atrasado?

g) não – depressa
   Coma, menino!

3. Transforme em advérbios as locuções adverbiais destacadas, usando o sufixo -**mente**. Siga o modelo.

> O menino arrumou, **com cuidado**, a mesa.
> O menino arrumou **cuidadosamente** a mesa.

a) **Todos os dias** ia para a cidade.

b) Meu professor age sempre **com calma**.

c) Saiu às **pressas**.

d) O diretor apareceu **de repente** na classe.

e) **Com certeza** eles já chegaram.

f) O professor falou **de improviso** na ocasião.

g) **Sem dúvida**, é o melhor.

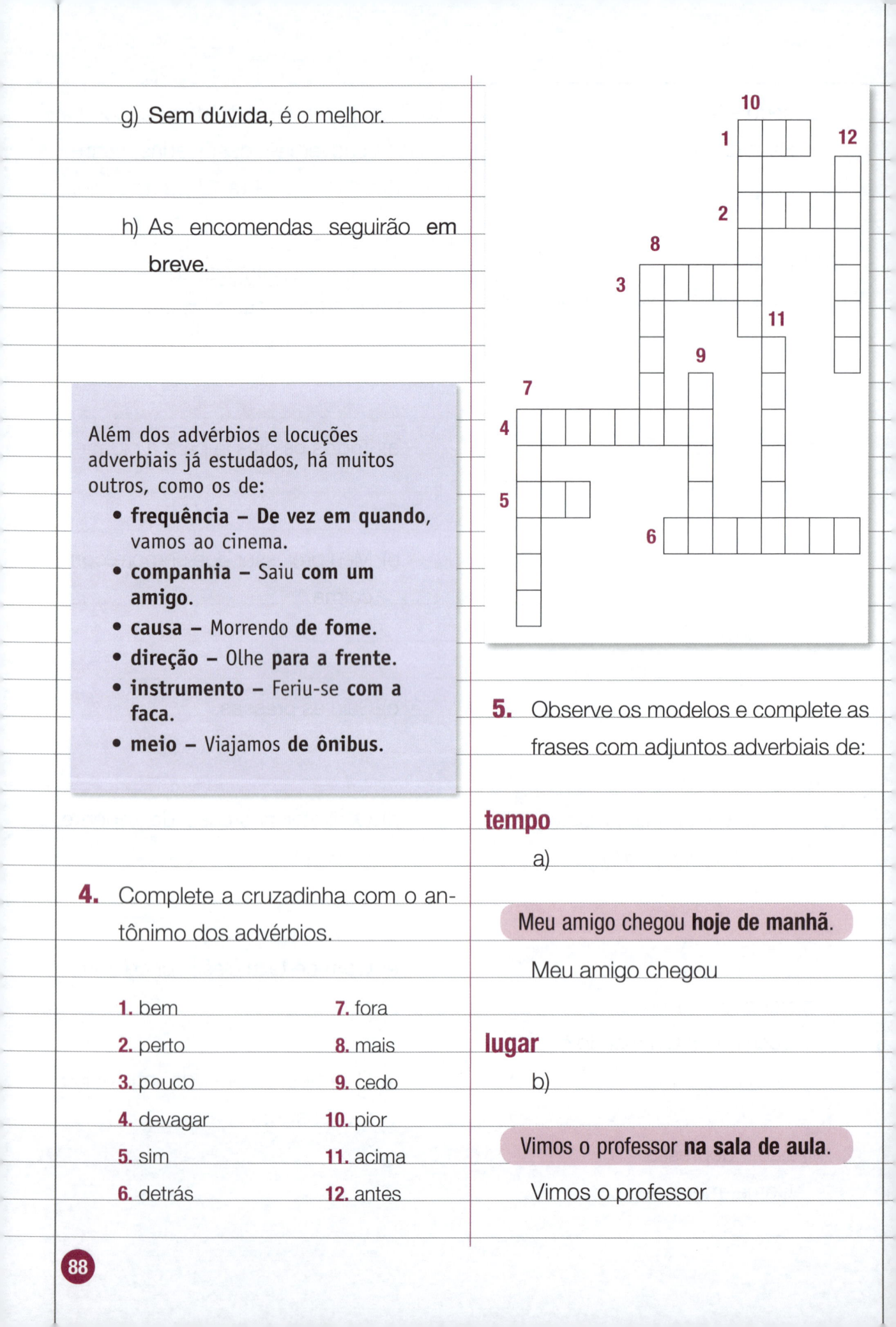

h) As encomendas seguirão **em breve**.

Além dos advérbios e locuções adverbiais já estudados, há muitos outros, como os de:
- **frequência** – **De vez em quando**, vamos ao cinema.
- **companhia** – Saiu **com um amigo**.
- **causa** – Morrendo **de fome**.
- **direção** – Olhe **para a frente**.
- **instrumento** – Feriu-se **com a faca**.
- **meio** – Viajamos **de ônibus**.

4. Complete a cruzadinha com o antônimo dos advérbios.

1. bem
2. perto
3. pouco
4. devagar
5. sim
6. detrás
7. fora
8. mais
9. cedo
10. pior
11. acima
12. antes

5. Observe os modelos e complete as frases com adjuntos adverbiais de:

tempo

a)

Meu amigo chegou **hoje de manhã**.

Meu amigo chegou

lugar

b)

Vimos o professor **na sala de aula**.

Vimos o professor

modo

c)

> Retirou-se **calmamente**.

Retirou-se

6. Assinale a alternativa correta de acordo com a classificação dos adjuntos adverbiais destacados.

a) Pense **mais um pouco**.
( ) intensidade
( ) modo
( ) afirmação

b) Atravessou a rua **tranquilamente**.
( ) tempo
( ) lugar
( ) modo

c) **Talvez** passe por aí.
( ) dúvida
( ) lugar
( ) tempo

d) Ele **realmente** vacilou.
( ) negação
( ) afirmação
( ) tempo

e) **Agora** moramos **no centro**.
( ) tempo
( ) modo
( ) lugar

f) Bata **à porta** antes de entrar.
( ) intensidade
( ) afirmação
( ) lugar

g) Estou **meio** cansado.
( ) intensidade
( ) lugar
( ) modo

h) Esfregou a toalha **com força**.
( ) afirmação
( ) modo
( ) tempo

i) **Não** escreva **depressa**.
( ) negação
( ) modo
( ) dúvida

j) Ouvia-se, **ao longe**, o som da bateria.
( ) tempo
( ) lugar
( ) modo

k) Lutei **bastante** para conseguir o que eu tenho.
( ) intensidade
( ) tempo
( ) modo

l) A história se passa **no meio de uma selva**.
( ) lugar
( ) tempo
( ) intensidade

m) Recebeu-nos **com um sorriso nos lábios**.
( ) dúvida
( ) modo
( ) tempo

n) Falou **pausadamente**.
( ) modo
( ) lugar
( ) intensidade

DITADO

10. Aposto e vocativo

1. Leia o poema e responda às questões.

> **MÃE, AMOR INCONDICIONAL**
>
> Mãe, a vida.
> Afeto, carinho, atenção.
> Bondade, paciência, compreensão.
>
> Mãe, que cuida do filho amado,
> Doente, especial ou desviado.
>
> Mãe que só vê qualidades.
> Que abre a mão e o coração.
>
> Mãe, alguém especial,
> Que aponta sempre o melhor caminho.
>
> Mãe, lição de amor e tolerância,
> Dedicação e esperança.
>
> Luiz Bertin. *Jornal do Mandaqui* (São Paulo), ano 7, n. 71, maio 2006.

a) Que palavra, no primeiro verso, explica ou esclarece a palavra mãe?

b) Que outras palavras, na primeira estrofe, esclarecem ou desenvolvem o conceito de mãe?

c) Na última estrofe, as palavras dedicação e esperança explicam e esclarecem qual outra palavra?

APOSTO
A palavra ou expressão que explica ou esclarece um termo, geralmente anterior a ele, chama-se **aposto**. Na linguagem escrita, é comum que venha entre vírgulas ou travessões. Na fala, fazemos uma pausa ou entonação de voz ao pronunciarmos o aposto.

Jorge Amado, **escritor baiano**, tem livros traduzidos para vários idiomas.

aposto

2. Sublinhe os apostos nas frases a seguir.

a) Os bilhetes, papeizinhos irrequietos, iam e vinham pela sala.

b) As caravelas, frágeis embarcações, atravessavam os mares.

c) Pedro Álvares Cabral, comandante da esquadra, chegou ao litoral do Brasil.

d) O café, riqueza agrícola nacional, foi introduzido no Brasil por Francisco de Melo Palheta.

e) O Brasil, maior país da América do Sul, é banhado pelo oceano Atlântico.

f) A natureza, fonte de saúde, infelizmente está sendo poluída.

g) O rio Negro, afluente do Amazonas, banha Manaus.

h) Portugal, país europeu, é grande exportador de azeite.

3. Agora, complete as frases abaixo usando apostos.

a) O Brasil,

b) A escola,

c) Maria,

d) A rosa,

e) O cavalo,

4. Empregue corretamente a vírgula (ou o travessão) para separar o aposto. Veja o modelo.

> João Luís / garoto sapeca / mais inteligente da classe
> João Luís, **garoto sapeca**, é o mais inteligente da classe.

a) Mário / homem honesto / devolveu o dinheiro

b) Marta / presidente do clube / minha amiga

c) Futebol / esporte nacional / revelou muitos craques

d) O Pantanal / maior planície inundável do mundo / visitado por muitos turistas

e) O sr. Roberto / diretor da escola / suspendeu as aulas

f) O rato / pequeno roedor / transmite doenças sérias.

g) O ser humano / animal racional / é capaz de distinguir o bem do mal.

5. Leia o diálogo e responda às questões.

(*Eunice*) – Mais pratos quebrados, Teresa?
(*Teresa*) – Não, Eunice, menos desta vez...

a) Com que palavra Eunice se dirige à Teresa?

b) Com que palavra Teresa se dirige à Eunice?

c) Que sinal de pontuação separa essas palavras do restante da frase?

> **VOCATIVO**
> A palavra **vocativo** vem da palavra latina **vocare**, que quer dizer "chamar". Assim, o vocativo é a palavra (ou expressão) com a qual chamamos pessoas, animais ou coisas a quem nos dirigimos. Pode vir no começo, no meio ou no fim da frase.
> **Paulo**, espere por mim.
> Corra, **Marcos**, o ônibus está partindo!
> É hora de ir para a escola, **Juca**!
> A vírgula é usada para separar o vocativo na frase.

6. Faça uma frase com o vocativo:

a) no início.

b) no meio.

c) no fim.

> O **vocativo** pode vir acompanhado de ponto de exclamação ou de interrogação.
> **Juca!** Por que você fez isso?
> **Chico?** Onde está você?

7. Agora, faça duas frases empregando vocativos acompanhados de:

a) ponto de exclamação.

b) ponto de interrogação.

8. Sublinhe o vocativo com um traço e o aposto com dois traços.

> **Atenção:**
> Use vírgulas para separar o vocativo ou o aposto das outras palavras da frase.

a) Pare com essa bola, menino!

b) Menino, pare com isso!

c) Vital Brasil, cientista brasileiro, estudou o veneno das cobras.

d) O cigarro, vício traiçoeiro, prejudica a saúde.

e) Poderia repetir a frase, professor?

f) Os índios, primeiros habitantes desta terra, estão sendo marginalizados.

g) Esteja do meu lado, ó amigo fiel!

h) Olá, turma, como vão vocês?

i) O esporte, fonte de saúde física e mental, é aconselhável para as pessoas de todas as idades.

j) O irmão de Márcia, o Francisco, finalmente conseguiu um emprego.

k) O Brasil, maior país da América do Sul, é grande exportador de soja.

l) Rapazes, vamos diminuir o tom de voz!

m) Olá, compadre, achegue-se para uma conversa.

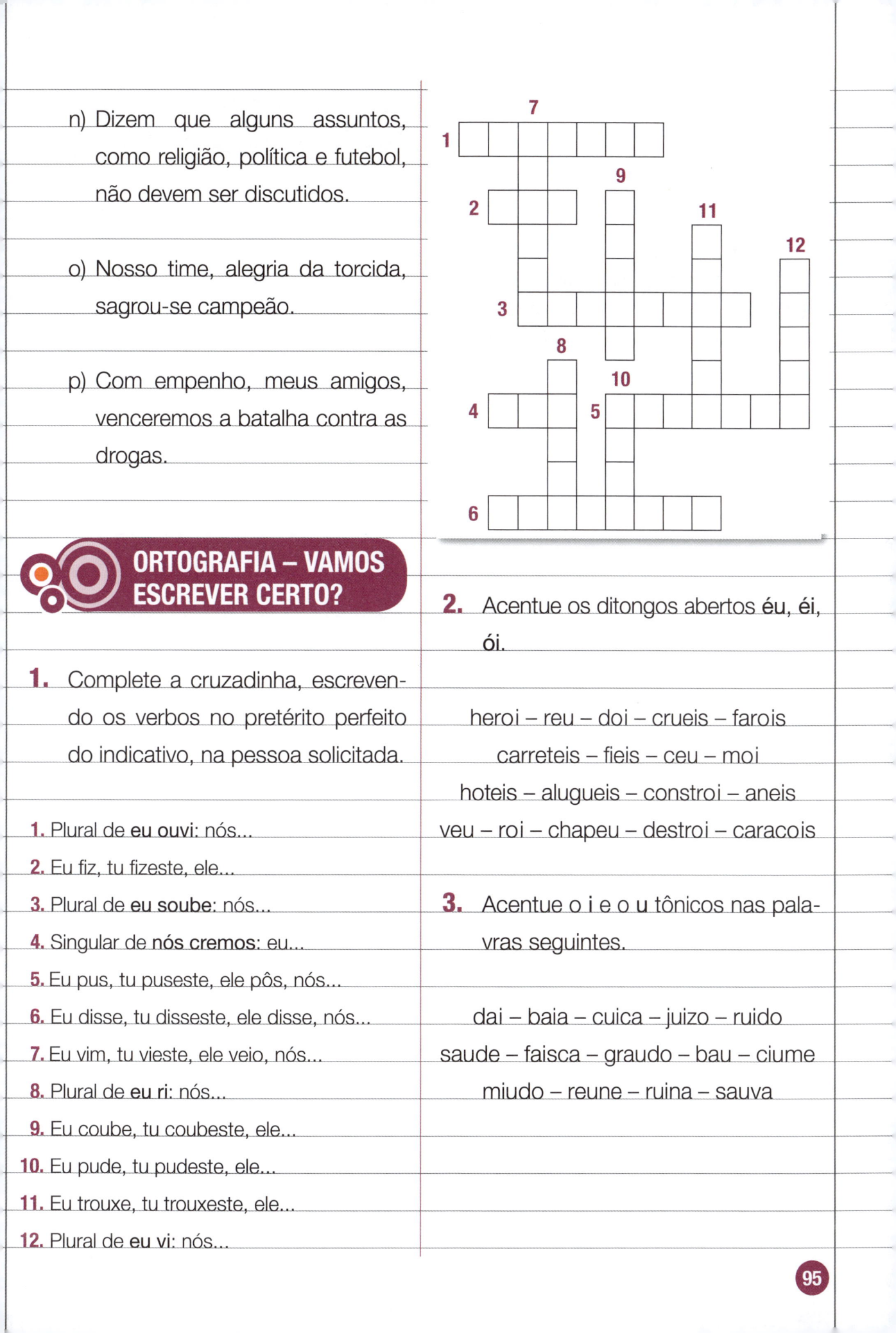

n) Dizem que alguns assuntos, como religião, política e futebol, não devem ser discutidos.

o) Nosso time, alegria da torcida, sagrou-se campeão.

p) Com empenho, meus amigos, venceremos a batalha contra as drogas.

ORTOGRAFIA – VAMOS ESCREVER CERTO?

1. Complete a cruzadinha, escrevendo os verbos no pretérito perfeito do indicativo, na pessoa solicitada.

1. Plural de **eu ouvi**: nós...
2. Eu fiz, tu fizeste, ele...
3. Plural de **eu soube**: nós...
4. Singular de **nós cremos**: eu...
5. Eu pus, tu puseste, ele pôs, nós...
6. Eu disse, tu disseste, ele disse, nós...
7. Eu vim, tu vieste, ele veio, nós...
8. Plural de **eu ri**: nós...
9. Eu coube, tu coubeste, ele...
10. Eu pude, tu pudeste, ele...
11. Eu trouxe, tu trouxeste, ele...
12. Plural de **eu vi**: nós...

2. Acentue os ditongos abertos **éu, éi, ói.**

heroi – reu – doi – crueis – farois

carreteis – fieis – ceu – moi

hoteis – alugueis – construi – aneis

veu – roi – chapeu – destroi – caracois

3. Acentue o **i** e o **u** tônicos nas palavras seguintes.

dai – baia – cuica – juizo – ruido

saude – faisca – graudo – bau – ciume

miudo – reune – ruina – sauva

4. Preencha as lacunas, empregando devidamente as palavras do quadro.

por (preposição)
pôr (verbo)
pode (3ª pessoa, presente do indicativo de poder)
pôde (3ª pessoa, pretérito perfeito de poder)

a) Vamos _____ as coisas no devido lugar.

b) A obra *Dom Casmurro* foi escrita _____ Machado de Assis.

c) Ficou angustiado porque não _____ pagar a dívida.

d) Quem não cuida da saúde _____ morrer cedo.

e) Vá _____ as revistas na estante.

f) _____ fim, tudo acabou se resolvendo.

g) O empresário não _____ viajar a tempo.

h) Comigo-ninguém-_____ é o nome popular de uma planta.

11. Verbos

ESCOVE OS DENTES DIARIAMENTE APÓS AS REFEIÇÕES.

1. Leia o texto e responda às questões.

> Lembre-se de escovar os dentes diariamente após as refeições, senão... vai queixar-se de cáries e dor de dente depois! Diga não à preguiça e mantenha a saúde bucal.

a) No balão de fala, que forma verbal indica uma ordem ou um conselho?

b) Na última frase do texto, que formas verbais indicam uma ordem ou um conselho?

c) Qual é a forma infinitiva dos verbos da questão b?

d) A que conjugação pertencem esses verbos? Por quê?

e) Identifique no texto os dois verbos que estão acompanhados de pronome e unidos por hífen.

f) Que verbo na primeira frase indica a ação de fazer a limpeza dos dentes? A que conjugação pertence? Por quê?

g) Que adjunto adverbial indica que a ação de escovar deve ser todos os dias?

2. Complete os itens com a forma verbal solicitada.

1. Eu trarei, tu trarás, ele trará, nós

2. Nós coubemos, vós coubestes, eles

3. Se eu desse, se tu desses, se nós

4. Eu quis, tu quiseste, ele quis, nós

5. Se eu puser, se tu puseres, se ele
6. Eu pus, tu puseste, ele
7. Eu quis, tu quiseste, ele
8. Eu trouxe, tu trouxeste, ele
9. Eu porei, tu porás, ele porá, nós

10. Eu fiz, tu fizeste, ele
11. Se eu soubesse, se nós
12. Se eu disser, se tu disseres, se ele

13. Se eu souber, se tu souberes, se ele souber, se nós
14. Se eu dissesse, se tu dissesses, se ele dissesse, se nós
15. Eu odeio, tu odeias, ele odeia, nós

16. Eu posso, tu podes, ele pode, nós

17. Eu creio, tu
18. Eu ponho, tu pões, ele

VERBO PRONOMINAL

Verbo pronominal é aquele que se conjuga com dois pronomes: um reto e um oblíquo.

➤ O pronome **reto** pode ser **subentendido**: Queixei-me.

Observe como se conjugam os verbos pronominais:

Verbo **queixar-se**
Eu me queixo
Tu te queixas
Ele se queixa
Nós nos queixamos
Vós vos queixais
Eles se queixam

Eu me queixei
Tu te queixaste
Ele se queixou
Nós nos queixamos
Vós vos queixastes
Eles se queixaram

➤ Perceba a relação entre os pronomes retos e os oblíquos.

3. Complete a conjugação.

Eu me lavo
Tu
Ele
Nós
Vós
Eles

MODOS VERBAIS

Modo **indicativo**: expressa um fato certo.
Eu **tenho** filhos.
Modo **subjuntivo**: expressa um fato incerto, hipotético.
Talvez eu **viaje**.
Modo **imperativo**: expressa uma ordem, um pedido ou conselho.
Venha aqui.

4. Observe os três modos ou formas verbais destacados nas frases.

a) Ele **dirigiu** com cuidado.
b) Se ele não **dirigisse** com cuidado, poderia provocar um desastre.
c) **Dirija** com cuidado, por favor!

Em qual das frases acima o verbo expressa:

a) uma ordem ou pedido?

b) um fato hipotético, incerto, duvidoso?

c) um fato certo?

5. Relacione os modos verbais com o que eles expressam.

modo indicativo	expressa uma ordem, um pedido ou conselho
modo subjuntivo	expressa um fato certo
modo imperativo	expressa um fato incerto, hipotético

6. Que ideias o imperativo transmite nas frases? Faça a relação.

Suma daqui, já!	pedido
Tenha um pouco mais de paciência.	ordem
Siga os conselhos de seu pai.	convite
Não corra, não mate, não morra.	súplica
Venha nos visitar.	conselho
Eu te suplico, por favor, não vá embora!	proibição

7. Que verbos do exercício anterior estão no imperativo negativo?

> **SAIBA QUE**
> ➢ Os verbos terminados em **-ar** têm as formas verbais do **subjuntivo** e do **imperativo negativo** em **-e**.
> **Subjuntivo:** Que eu mat**e**, que tu mat**e**s, que ele mat**e** etc.
> **Imperativo negativo:** Não mat**e**s tu, não mat**e** você, não mat**e** ele, não mat**e**mos nós, não mat**e**is vós, não mat**e**m vocês.
>
> ➢ Os verbos terminados em **-er** e **-ir** têm o **subjuntivo** e o **imperativo negativo** em **-a**.
> **Subjuntivo:** Que eu com**a**, que tu com**a**s, que ele com**a**, que nós com**a**mos etc.
> **Imperativo negativo:** Não com**a**s tu, não com**a** você, não com**a**mos nós, não com**a**is vós, não com**a**m vocês.

8. Complete os itens com a forma verbal solicitada.

1. Que eu veja, que tu vejas, que ele veja, que nós
2. Vá tu, vai você, vamos nós, _____ vós
3. Se eu viesse, se tu
4. Não venhas tu, não venha você, não _____ nós
5. Se eu fizer, se tu fizeres, se ele

6. Que eu possa, que tu possas, que ele possa, que nós
7. Que eu diga, que tu digas, que ele diga, que nós
8. Se eu trouxesse, se nós
9. Eu pude, tu pudeste, ele
10. Quando eu quiser, quando tu quiseres, quando ele
11. Que eu queira, que tu queiras, que ele queira, que nós
12. Se eu fosse, se tu
13. Quando nós dermos, quando vós derdes, quando eles
14. Dizer, dizendo,
15. Eu pus, tu pusestes, ele
16. Que nós façamos, que vós façais, que eles
17. Se eu fizer, se nós

9. Conjugue o verbo **dizer** no presente do indicativo e no presente do subjuntivo.

Eu
Tu
Ele
Nós
Vós
Eles

Que eu
Que tu
Que ele
Que nós
Que vós
Que eles

10. Conjugue o verbo **trazer** no presente do indicativo e no presente do subjuntivo.

Eu
Tu
Ele
Nós
Vós
Eles

Que eu
Que tu
Que ele
Que nós
Que vós
Que eles

11. Escreva as frases no plural, observando o emprego correto dos verbos?

a) Regressarás logo que terminares o trabalho.

b) Admito que não me empenhei como deveria.

c) Diga que você nada presenciou e que de nada sabe.

d) Eu vim de trem; meu amigo de avião.

12. Escreva as frases no singular, observando o emprego correto dos verbos.

a) Nós faríamos o possível para que eles viessem à reunião.

b) Pusemos tudo em ordem.

c) Quiseram desobedecer às regras do jogo.

d) Dissemos que íamos reclamar na diretoria.

e) Vimos um acidente quando viemos do litoral.

f) Vieram ao centro e viram o filme.

g) Elas trouxeram o bolo e o puseram sobre a mesa.

13. Preencha a cruzadinha com o plural das seguintes formas verbais:

1. Se eu visse, se nós...
2. Eu vi, nós...
3. Eu fui, nós...
4. Se eu viesse, se nós...
5. Eu vejo, nós...
6. Quando eu vir, quando nós...
7. Que eu venha, que nós...
8. Eu venho, nós...
9. Eu vou, nós...
10. Eu vim, nós...
11. Que eu veja, que nós...
12. Se eu for, se nós...
13. Se eu fosse, se nós...
14. Se eu vier, se nós...

14. Conjugue os verbos pronominais **empenhar-se** e **machucar-se**, observando o emprego dos pronomes oblíquos.

a) Eu me empenho

b) Eu me machuquei

15. Escreva as frases no plural. Veja o exemplo.

> Não digas tolices.
> **Não digais tolices.**

a) Não faças mal a ninguém.

b) Quero que saiba a verdade.

16. Preencha as lacunas com a forma verbal adequada do verbo entre parênteses.

a) Se você _____, pode voltar. (*querer*)

b) Se eu _____, eu falaria. (*saber*)

c) Se eles _____, poderiam passar de ano. (*querer*)

d) Se nós _____, iríamos ajudá-lo. (*poder*)

e) Se o armário _____ em meu quarto, eu o compraria. (*caber*)

f) Não _____ aos outros o que não queres que façam a ti. (*fazer*)

g) Se _____ bom tempo, sairei. (*fazer*)

h) Se você _____ a verdade, não será castigado. (*dizer*)

i) Se nós _____ a metade dos doces, não nos faria falta. (*dar*)

17. Complete as seguintes formas verbais dos verbos **ver**, **vir**, **ir** com o plural.

Se eu visse, se nós... **víssemos**

a) Vi, nós...

b) Eu fui, nós...

c) Se eu viesse, se nós...

d) Quando eu vir, quando nós...

e) Que eu venha, que nós...

f) Eu venho, nós...

g) Eu vou, nós...

h) Eu vim, nós...

i) Que eu veja, que nós...

j) Se eu for, se nós...

k) Se eu fosse, se nós...

l) Se eu vier, se nós...

ORTOGRAFIA – VAMOS ESCREVER CERTO?

1. Escreva as formas verbais nos quadrinhos abaixo do seguinte modo:

a) Nos quadros pequenos, escreva estas formas verbais: **traz, fez, fiz, faz, diz.**

b) Nos médios, escreva estas formas verbais, observando a presença da letra u: **ouve, houve, ouço, trouxe, coube, soube, rouba, pousa.**

c) Nos maiores, escreva: **estoura, afrouxa, repousa, estoure, afrouxe, repouse.**

> O verbo **ter** e seus compostos, assim como **vir** e seus compostos, recebem acento circunflexo na 3ª pessoa do plural do presente do indicativo.

ele tem – **eles têm**
ele vem – **eles vêm**
ele detém – **eles detêm**
ele obtém – **eles obtêm**
ele retém – **eles retêm**
ele intervém – **eles intervêm**
ele mantém – **eles mantêm**
ele contém – **eles contêm**
ele se abstém – **eles se abstêm**
ele provém – **eles provêm**

HÁ – A
Observe a diferença de significado e grafia nas palavras **há** e **a**.
a) Trabalho nesta firma **há dez anos**.
b) Pretendo mudar de emprego **daqui a dois anos**.

3. Que expressão indica tempo passado e qual indica tempo futuro?

2. Escreva as frases seguintes no plural.

a) Ela tem coragem.

b) Você vem de ônibus?

c) A garrafa contém água.

d) Ele mantém sua posição.

4. Complete as frases com **a** ou **há**.

a) Aguarde um momento. Vou atendê-lo daqui _____ pouco.

b) _____ 70 anos, não havia televisão no Brasil.

c) _____ muito tempo que isso não acontecia.

d) A dançarina se apresenta daqui _____ cinco minutos.

e) O que _____ para o almoço hoje?

f) Estou gripado _____ dois dias.

g) Não o vejo _____ muitos anos.

5. Substitua **há** por **faz** (singular) nas frases do exercício anterior que indicarem tempo passado. Note que nesse caso **faz** fica no singular.

a) _____ 70 anos, não havia televisão no Brasil.

b) _____ muito tempo que isso não acontecia.

c) Estou gripado _____ dois dias.

d) Não o vejo _____ muitos anos.

PRÁTICA DE PRODUÇÃO DE TEXTO

Crie um texto sobre o respeito que devemos ter à natureza e sobre a preservação dos recursos naturais, das espécies animais, das florestas, dos lagos e dos rios.

12. Revisão

> Na **expressão oral**, quando queremos chamar uma pessoa, mudamos o tom de voz ou fazemos uma pequena pausa.
> Na **expressão escrita**, quando nos dirigimos a uma pessoa, seu nome aparece separado das outras palavras da frase por **vírgula(s)**.

1. Coloque a vírgula adequadamente. Veja o modelo.

> Qual é a profissão do seu marido, Luciana?

a) Onde você nasceu Paulinho?

b) Papai posso sair com os meus amigos?

c) Qual é o maior estado brasileiro Sílvia?

d) Ele é o que Eduardo?

e) Sílvia está falando a verdade professora.

f) Nosso time venceu Jorge.

g) Não acredite nele dona Cida.

h) Helô estou saindo para o trabalho.

i) Cláudia qual é a idade do seu irmão?

j) Professor não entendi a lição.

> A **vírgula** serve também para separar uma explicação ou um esclarecimento dentro da frase.

2. Coloque a vírgula adequadamente. Veja o modelo.

> Dona Justina, professora de Geografia, estava fazendo perguntas sobre a matéria.

a) Cláudio menino criativo surpreendeu dona Clara.

b) Neil Armstrong ex-astronauta americano foi o primeiro homem a pisar na Lua em 1969.

c) O homem ser racional faz poesia música monumentos máquinas computadores veículos espaciais.

d) O homem animal contraditório fabrica armas que matam milhões num segundo.

e) Nelson Piquet ex-piloto brasileiro foi três vezes campeão mundial de Fórmula 1.

f) Santos Dumont inventor do avião tornou-se o homem mais famoso da época sobrevoando a Torre Eiffel em 1906.

3. Reescreva a frase e acentue-a, quando necessário. Veja o modelo.

singular	plural
ele tem	eles têm
ela vem	elas vêm
ela vê	elas veem

Ele tem muito dinheiro
Ele tem muito dinheiro.

a) Elas vem de bicicleta.

b) Ela vem de bicicleta.

c) Você tem o ingresso?

d) Vocês tem os ingressos?

e) Vocês vem de carona?

f) Você vem de carona?

4. Reescreva as frases no futuro do presente, observando a grafia dos verbos.

Eles **falaram**. (pretérito)
Eles **falarão**. (futuro)

a) Eles contribuíram para a caixinha.

b) Eles distribuíram alimentos.

c) Vocês governaram o país.

d) Os garotos aceitaram a proposta.

e) Eles souberam do assalto.

> **MAIS – MAS – MÁS**
> **mais** – é advérbio de intensidade: Aproximou-se mais da barranca do rio.
> **mas** – é conjunção: Ia matar a sucuri, mas se arrependeu.
> **más** – é adjetivo feminino: Eles estão cheios de más intenções.

> **Lembre que:**
> **por que...?** – usa-se separado nas frases interrogativas. E separado e acentuado nos finais de frases interrogativas.
> **porque...** – usa-se junto nas respostas.

5. Complete com **por que** ou **porque**.

a) _____ você não veio antes?

b) Não vim _____ tinha compromisso.

c) _____ não trouxe a máquina fotográfica?

d) Não trouxe _____ estava quebrada.

e) Celeste brigou _____?

6. Preencha as lacunas com **mais**, **mas** ou **más**.

a) Fale menos e trabalhe _____.

b) Gritaram alto, _____ não foram ouvidos.

c) As pessoas _____ são péssimas conselheiras.

d) Sabíamos o segredo, _____ não falamos nada.

e) As _____ palavras provocam discórdia.

f) O avarento não se fartava. Queria sempre _____ e _____!

g) Caiu, _____ não se feriu.

h) _____ horas as que passamos juntos!

7. Assinale as colunas de acordo com a classificação dos advérbios e adjuntos adverbiais destacados.

LOTERIA DE ADVÉRBIOS E ADJUNTOS ADVERBIAIS

1. Sorria **mais**.	1	☐ intensidade	☐ modo	☐ afirmação
2. Chegou **repentinamente**.	2	☐ tempo	☐ lugar	☐ modo
3. **Talvez** eu passe **em sua casa**.	3	☐ dúvida	☐ lugar	☐ tempo
4. Ele **realmente** vacilou.	4	☐ negação	☐ afirmação	☐ tempo
5. **Amanhã** estarei **no clube**.	5	☐ tempo	☐ modo	☐ lugar
6. **Aqui** está frio e chovendo.	6	☐ intensidade	☐ afirmação	☐ lugar
7. Estou **muito** cansado.	7	☐ intensidade	☐ lugar	☐ modo
8. Ela fala **bem** o inglês.	8	☐ afirmação	☐ modo	☐ tempo
9. **Não** escreva **depressa**.	9	☐ negação	☐ modo	☐ dúvida
10. **Devagar** se vai **ao longe**.	10	☐ modo	☐ lugar	☐ tempo
11. Lutei **bastante** para conseguir o que eu tenho.	11	☐ intensidade	☐ tempo	☐ modo
12. O evento aconteceu **ontem**.	12	☐ lugar	☐ tempo	☐ intensidade
13. Recebeu-nos **afetuosamente**.	13	☐ dúvida	☐ modo	☐ tempo

13. Formação do imperativo

1. Leia o anúncio e responda às questões.

ÁGUA
ECONOMIZE
O NOSSO FUTURO DEPENDE DELA

a) Que forma verbal está indicando um apelo, um conselho?

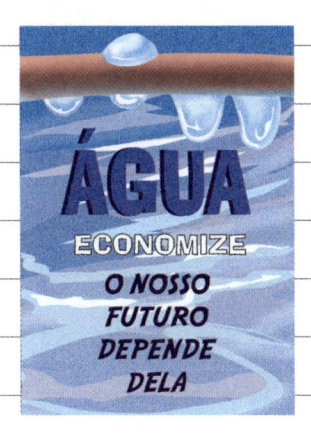

b) Se o apelo fosse dirigido a mais de uma pessoa, como ficaria a forma verbal?

FORMAÇÃO DO IMPERATIVO AFIRMATIVO

O imperativo afirmativo se origina do:
- presente do indicativo
- presente do subjuntivo

Observe o imperativo afirmativo do verbo comer.

Presente do indicativo	Imperativo afirmativo	Presente do subjuntivo
eu como	-------------	que eu coma
tu comes → **come** →	come tu	que tu comas
ele come	coma você ←	que ele **coma**
nós comemos	comamos nós ←	que nós **comamos**
vós comeis → **comei** →	comei vós	que vós comais
eles comem	comam vocês ←	que eles **comam**

---

2. Responda às perguntas de acordo com o quadro acima.

a) Que pessoas o presente do indicativo empresta para formar o imperativo afirmativo?

b) Que letra é eliminada na 2ª pessoa do singular e do plural para formar o imperativo afirmativo?

c) Por que não existe a 1ª pessoa do imperativo afirmativo?

d) De onde provêm a 3ª pessoa do singular, a 1ª pessoa do plural e a 3ª pessoa do plural do imperativo afirmativo?

3. Conjugue o verbo **comer** e o verbo **dizer** no imperativo negativo.

> O **imperativo negativo** possui as mesmas formas verbais do presente do subjuntivo, com a negação **não** anteposta à forma verbal.

4. Consulte o quadro do imperativo afirmativo e conjugue os verbos **estudar** e **partir**, seguindo o mesmo esquema da conjugação do verbo **comer**.

Presente do indicativo	Imperativo afirmativo	Presente do subjuntivo
eu estudo	--------------	**que eu estude**

Presente do indicativo	Imperativo afirmativo	Presente do subjuntivo
eu parto	--------------	**que eu parta**

5. De acordo com a gramática normativa, quais das alternativas abaixo foram usadas adequadamente no imperativo afirmativo?
( ) Vá para tua casa.
( ) Vai para tua casa.
( ) Vá para sua casa.
( ) Vai para sua casa.

6. Escreva o imperativo afirmativo dos verbos **começar** e **fazer**.
a) Imperativo afirmativo de **começar**

b) Imperativo afirmativo de **fazer**

7. Com as palavras a seguir, forme frases imperativas. Veja o modelo.

> Psiu / fazer silêncio.
> Psiu! Faça silêncio!

a) Socorro / vir aqui.

b) Bravo / continuar sempre assim.

c) Coragem / não desanimar.

d) Ei / levar isso embora.

e) Oh / ver que bonito.

f) Ih / deixar isso para lá.

8. Faça frases usando o imperativo afirmativo para:
a) dar uma ordem.

b) dar um conselho.

c) dar um aviso.

d) fazer um pedido.

FORMAÇÃO DO IMPERATIVO NEGATIVO

Para formar o imperativo **negativo**, basta antepor às formas verbais do **presente do subjuntivo** o advérbio de negação **não**.

Observe o presente do subjuntivo e o imperativo negativo do verbo **andar**.

Presente do subjuntivo	**Imperativo negativo**
que eu ande	→ ----------------
que tu andes	→ não andes tu
que ele ande	→ não ande você (ele)
que nós andemos	→ não andemos nós
que vós andeis	→ não andeis vós
que eles andem	→ não andem vocês (eles)

- Os verbos terminados em **-ar**, no infinitivo, formam o subjuntivo em **e**: que eu and**e**, que eu trabalh**e**, que eu brinqu**e**, que nós fal**e**mos etc.
- Os verbos terminados em **-er** e **-ir**, no infinitivo, formam o subjuntivo em **a**: que eu corr**a**, que eu part**a**, que ele part**a**, que nós part**a**mos etc.

9. Passe para o imperativo negativo as ordens a seguir.

a) Anda depressa, menino!

b) Volte cedo.

c) Fechai a porta da entrada principal.

d) Parem naquela curva da estrada.

e) Entrega teus documentos a ela.

10. Observe as placas e escreva frases no imperativo negativo, usando os verbos indicados na 3ª pessoa.

a) falar

b) virar

c) pescar

11. Faça frases usando o imperativo negativo para:

a) pedir a alguém que não use bebida alcoólica.

b) aconselhar alguém a não fumar.

12. Passe as frases abaixo para o plural.

a) Não faças ao outro o que não queres que ele faça a ti.

b) Dize com quem andas e te direi quem és.

c) Dize, realmente, o que pensas.

d) Motorista! Dirija com cuidado!

ORTOGRAFIA – VAMOS ESCREVER CERTO?

Observe o emprego das letras **g** e do **j** no verbo **exigir**, no presente do indicativo.

Exigir
eu exijo
tu exiges
ele exige
nós exigimos
vós exigis
eles exigem

1. Agora, conjugue os verbos **corrigir** e **dirigir** no presente do indicativo.

a) corrigir

b) dirigir

2. Escreva as palavras corretas diante de seu significado ou explicação.

a) _____ = cortado com serra ou serrote.

_____ = fechado, denso.

b) _____ = pele de animais.

_____ = conjunto de vozes, coral.

c) _____ = escuto.

_____ = parte dura que forma o esqueleto.

d) _____ = recipiente.

_____ = numeral ordinal.

e) _____ = da boca, relativo à boca.

_____ = embocadura de alguns instrumentos.

f) _____ = saudação dirigida a alguém.

_____ = extensão em linha reta.

g) _____ = recipiente para dar comida aos animais.

_____ = manco, que puxa de uma perna.

> PARECE MAS NÃO É!

Há palavras que se parecem, apesar de serem escritas de forma diferente e de ter sentido diferente. Observe algumas dessas palavras:

acento – assento
bocal – bucal
cavaleiro – cavalheiro
cerrado – serrado
cesta (cesto) – sexta (sexto)
vestuário – vestiário
comprimento – cumprimento
cocho – coxo
coro – couro
osso – ouço
tráfego – tráfico

h) _____ = cadeira, lugar para se sentar.

_____ = sinal gráfico que se coloca nas vogais.

i) _____ = pessoa que anda a cavalo.

_____ = homem gentil, cortês.

j) _____ = roupas, trajes.

_____ = lugar onde as pessoas se vestem.

k) _____ = trânsito, transporte de mercadorias.

_____ = comércio e negócio ilegais.

PRÁTICA DE PRODUÇÃO DE TEXTO

Conheça aqui os principais cuidados que você deve ter para deixar sua casa e vizinhança protegidas do mosquito da dengue

- Trate a água da piscina com cloro e limpe-a uma vez por semana. Se não for usar, cubra. Se estiver vazia, coloque 1 kg de sal no ponto mais raso. Mantenha lagos, cascatas e espelhos d'água sempre limpos, criando peixes ou tratando a água com cloro.
- Lave a vasilha de água de seus animais, pelo menos uma vez por semana, com bucha, sabão e água corrente.
- Feche bem sacos plásticos e mantenha a lixeira tampada. Evite acumular lixo e entulho.
- Verifique se todos os ralos da casa estão desentupidos e, se não estiver usando, deixe-os fechados.
- Jogue todo objeto que acumula água no lixo. Exemplos: tampas de garrafas, casca de ovo, latas, copos descartáveis, plástico de cigarro.
- Retire a água e lave com sabão a bandeja externa da geladeira.
- Lave bem o suporte de garrafões de água mineral na hora da troca.
- Guarde garrafas e baldes vazios de cabeça para baixo.
- Entregue seus pneus velhos ao serviço de limpeza urbana ou guarde em local coberto.
- Mantenha a caixa-d'água fechada.
- Remova folhas e tudo que impede a água de correr por calhas de água de chuva. Retire a água acumulada das lajes.
- Coloque areia nos pratinhos dos vasos de planta ou xaxins. Evite plantas que acumulam água, como bromélias. Caso faça questão, regue-as com uma mistura de 1 litro d'água + 1 colher de água sanitária.
- Se você protege o muro com cacos de vidro, coloque areia naqueles que podem acumular água.
- Lave com bucha e sabão tonéis ou depósitos de água. Feche com a tampa própria ou com uma tela.
- Deixe a tampa de vasos sanitários sempre fechada.

Ministério da Saúde. Campanha em parceria com estados e municípios, 2005.

1. Para transmitir ordens e conselhos, que modo verbal foi usado no texto?

2. As formas verbais que transmitem as ordens estão na 2ª pessoa (tu) ou na 3ª (você)?

- Quando a forma verbal no plural contém **m** e se encontra com um pronome oblíquo (-o, -a, -os, -as), esse pronome oblíquo recebe **n** antes dele:
lave-os → plural: lave**m**-**n**os
deixe-a → plural: deixe**m**-**n**a

3. Reescreva o texto sobre os cuidados com a dengue empregando as formas verbais no plural.

ANOTAÇÕES

14. Discurso direto e discurso indireto

DISCURSO DIRETO

No discurso direto, o autor de um texto cita diretamente as palavras dos personagens que participam da história. Geralmente, a fala dos personagens vem depois de **dois-pontos (:)**, seguida de **travessão (–)**. Veja.

E uma criança, no meio da multidão, gritou:
– Mamãe, Papai Noel está chorando!

Pode-se também colocar a fala dos personagens entre aspas.

E uma criança, no meio da multidão, gritou: "Mamãe, Papai Noel está chorando!"

No discurso direto, os dois-pontos, em geral, vêm precedidos de verbos de elocução, tais como:

dizer – lamentar – segredar
propor – exclamar – desabafar
suspirar – responder – reclamar
gritar – concluir – perguntar
explodir – ameaçar – protestar
vociferar – atalhar – prometer
acrescentar – explicar

DISCURSO INDIRETO

No discurso indireto, não há diálogo. O narrador não põe os personagens falando diretamente, mas é o intérprete deles e transmite, a seu modo, o que pensam ou dizem esses personagens.

É comum, no discurso indireto, aparecerem as conjunções **que** ou **se**, verbos no tempo passado e na 3ª pessoa do singular ou do plural.

Agora observe um exemplo de discurso direto transformado em discurso indireto.

• **Discurso direto**

E uma criança, no meio da multidão, gritou:
– Mamãe, Papai Noel está chorando!

• **Discurso indireto**

Uma criança, no meio da multidão, gritou para a mãe, dizendo que o Papai Noel estava chorando.

1. Passe do discurso direto para o indireto. Siga o modelo.

A vendedora perguntou ao menino:
– Você gosta de chocolate?

A vendedora perguntou ao menino se ele gostava de chocolate.

a) A mãe insistia com o filho:
 – Pare de chorar!

b) O pai pediu ao filho:
 – Não volte mais lá.

c) O feirante gritava para todos:
— Comprem na minha banca!

d) O professor aconselhava aos alunos:
— Façam o exercício com calma.

e) Paulo telefonou-me dizendo:
— Voltarei amanhã cedo.

2. Transforme o discurso indireto em direto. Veja o modelo.

> O professor pediu aos alunos que entregassem os trabalhos na data combinada.
>
> O professor pediu aos alunos:
> — Entreguem os trabalhos na data combinada!

a) O caçula pediu ao pai que lhe desse um trenzinho.

b) A mãe pediu ao filho que chegasse cedo.

c) O atacante insistia para que lhe passassem a bola.

ORTOGRAFIA – VAMOS ESCREVER CERTO?

1. Reescreva as palavras abaixo, prestando atenção na grafia.

a) paço
b) peça
c) peço
d) poço
e) poça
f) garça
g) garçom
h) caçula
i) Suíça
j) ouriço
k) paçoca
l) pinça
m) linhaça
n) roça
o) exceção
p) taça
q) terça
r) licença
s) traça

2. Complete a cruzadinha com o que se pede a seguir e, depois, escreva as respostas nos espaços indicados nas frases.

1. berço – berçário   hino – hinário   cena – ▢
2. Diminutivo de Laura. ▢
3. Um aluno que se matriculou recentemente é um aluno ▢-matriculado.
4. Antônimo de primeiro. ▢
5. Adjetivo que corresponde ao substantivo majestade. ▢
6. Sala onde são passados filmes: sala de ▢.
7. Substantivo masculino cuja primeira sílaba é pronome pessoal reto da 1ª pessoa do singular. É nome de árvore. ▢
8. Antônimo de graúda. ▢
9. Adjetivo correspondente ao substantivo sorriso. ▢
10. Substantivo correspondente ao verbo prometer. ▢
11. Os índios brasileiros usam para caçar: arco e ▢.
12. Substantivo correspondente ao adjetivo caprichoso. ▢

- **Mês** recebe acento por ser monossílabo tônico terminado em **-e**, seguido de **s**. Os monossílabos tônicos terminados em **-a**, **-e**, **-o**, seguidos ou não de **s**, são acentuados.

- **Último** recebe acento por ser palavra proparoxítona. Todas as palavras proparoxítonas são acentuadas.

3. Escreva dez monossílabos tônicos acentuados.

5. Escreva dez exemplos de palavras proparoxítonas.

- **Café** recebe acento por ser palavra oxítona terminada em **-e**. Acentuam-se as oxítonas terminadas em **-a**, **-e**, **-o**, **-em**, **-ens**.

4. Escreva dez palavras que sejam acentuadas por essa regra.

6. Coloque o sinal da crase quando necessário.

   a) Fazia tudo aquilo por amor a família.

   b) Mas café com pão a mesa não faltaria, com certeza, naquele mês.

   c) Saiu as pressas, sem dizer nada a ninguém.

   d) Graças a ele, fomos atendidos prontamente.

   e) Assistimos a sessão das quatro e voltamos as seis horas.

   f) Referiu-se a professora em tons elogiosos.

   g) Compareçamos a reunião a tarde.

15. Concordância

1. Complete as frases com o presente do indicativo dos verbos entre parênteses.

a) Mal termina a reunião e já _____ as discussões. (começar)

b) No verão, _____ chuvas fortes. (cair)

c) Aqui não _____ roubos e assaltos. (existir)

d) Já _____ cinco meses que não vou à praia. (fazer)

2. Coloque os verbos entre parênteses no imperfeito do indicativo.

a) _____ alunos na sala? (haver)

b) Naquele tempo não se _____ muitos carros nas ruas. (ver)

c) Gritei com todas as forças que me _____. (restar)

d) _____ alguns dias para o Natal. (faltar)

e) O batalhão _____ rumo ao sertão. (seguir)

f) _____ anos que não o via. (fazer)

g) De vez em quando _____ coisas engraçadas. (acontecer)

h) Para que _____ esses objetos? (servir)

i) Todos _____ que faltassem alimentos. (recear)

3. Use os verbos entre parênteses no pretérito perfeito do indicativo.

a) Nunca _____ desavenças entre nós. (haver)

b) Foi o que _____ meu amigo e eu. (conseguir)

c) Promessas, lágrimas, súplicas, nada o _____. (comover)

d) Vamos embora. Já _____ dez horas. (soar)

e) Nas grades, _____ parar muitos ladrões. (ir)

f) Na reunião, só _____ dez pessoas. (ficar)

4. Preencha as lacunas com o verbo **ser** nos tempos solicitados a seguir.

a) **pretérito imperfeito do subjuntivo**
Se não _____ nós, eles teriam sido multados.

b) **presente do indicativo**
Nem eu nem eles _____ ricos.

c) **pretérito imperfeito do indicativo**
Os sonhos de criança _____ o meu mundo.

d) **pretérito imperfeito do indicativo**
_____ nós que cozinhávamos para a turma.

e) **presente do indicativo**
O encarregado aqui _____ eu.

f) pretérito perfeito do indicativo

eu que encontrei as chaves.

5. Concorde o adjetivo, entre parênteses, com o sujeito das frases a seguir.

a) Marcos e Ana estavam _____ para assistir ao filme. (*ansioso*)

b) As recepcionistas foram muito _____. (*gentil*)

c) A água e o ar são _____ à vida. (*indispensável*)

d) Para o agricultor, são muito _____ a enxada, a foice e o machado. (*útil*)

6. Relacione os verbos aos modos a que pertencem.

a – indicativo (fato certo)
b – subjuntivo (fato incerto)
c – imperativo (ordem, conselho)
( ) Talvez ele **saiba**.
( ) Depressa! **Fuja**!
( ) A árvore **caiu**.
( ) Se eu **estiver** bem, irei à festa.

7. Complete as lacunas, flexionando os verbos **abrir** e **fechar** – no modo indicativo – representados entre parênteses.

a) Ela _____ e eles _____ a porta depressa. (*presente*)

b) Ele _____ e nós _____ a porta depressa. (*pret. imperfeito*)

c) Você _____ e elas _____ a porta depressa. (*pret. perfeito*)

d) João _____ e vocês _____ a porta depressa. (*fut. do presente*)

e) João _____ e nós _____ a porta depressa. (*fut. do pretérito*)

8. Complete as lacunas, flexionando os verbos **comer** e **passar** nos tempos do modo subjuntivo indicados entre parênteses. Veja o modelo.

> Não é justo que eu **coma** e você **passe** fome. (presente)

a) Não é justo que tu _____ e nós _____ fome. (*presente*)

b) Não seria justo que nós _____ e eles _____ fome. (*imperfeito*)

c) Não é justo vocês _____ e nós _____ fome. (*futuro*)

9. Complete as lacunas, flexionando os verbos **dormir** e **levantar** no imperativo negativo e no imperativo afirmativo. Veja o exemplo.

> Não **durmas** tarde. **Levanta** cedo. (tu)

a) Não _____ tarde. _____ cedo. (você)

b) Não _____ tarde. _____ cedo. (nós)

c) Não _____ tarde. _____ cedo. (vós)

d) Não _____ tarde. _____ cedo. (vocês)

10. Complete as frases com os verbos entre parênteses no presente do subjuntivo.

a) Talvez ele _____ em dificuldades. (estar)

b) Não concordo com que ela _____ má pessoa. (ser)

c) José faz as coisas sem que a gente _____ . (pedir)

d) É preciso que nós _____ o futuro. (planejar)

11. Complete as frases com os verbos entre parênteses no futuro do subjuntivo.

a) Se você não _____ entendendo, peça explicação. (estar)

b) Se você _____ à cidade, compre-me um livro. (ir)

c) Se o professor _____ você fora da classe, não vai gostar. (ver)

d) Se ele não _____ o dinheiro, não posso comprar o livro. (dar)

12. Complete as frases, empregando os verbos no pretérito imperfeito do indicativo.

a) Aos domingos, os jovens _____ ir ao cinema. (costumar)

b) _____ lendas a seu respeito. (correr)

c) As meninas _____ com as mães no parque. (passear)

d) O rio _____ e as águas _____ as plantações. (transbordar/inundar)

e) Nós _____ devagar. (andar)

13. Amplie as frases, acrescentando aos substantivos adjuntos adnominais adequados. Veja o modelo.

> Jovens adoram carros.
> Os jovens adoram carros modernos, rápidos e de projetos arrojados.

a) Alunos gostam de ler livros e revistas.

b) Distração pode causar acidente.

c) Ruas enfeitam bairros das cidades.

PRÁTICA DE PRODUÇÃO DE TEXTO

Escolha uma das propostas para fazer seu texto.

Proposta 1

- Suponha que um personagem criado por você esteja em uma concessionária para comprar um carro. Escreva um diálogo, usando o discurso direto, com o vendedor da concessionária. Depois passe esse mesmo diálogo para o discurso indireto.

Proposta 2

- Suponha que um amigo que mora em outra cidade precisa passar dois dias em sua casa e que você não estará lá para recebê-lo. Escreva as "instruções" de como ele deve se "comportar" ao: usar o chuveiro, acender o fogão, ligar a tevê, o aparelho de som etc. Não se esqueça de usar os imperativos.

Apêndice

Textos para interpretação, ampliação de vocabulário e atividades complementares

Heróis são aqueles personagens mostrados no cinema, na televisão, nas histórias em quadrinhos ou existem outras pessoas que podemos considerar heróis?

Leia o texto a seguir para ver quem é que Paula considerava um herói.

UM HERÓI DO MAR

Paula era filha de pescadores e já completara seus nove anos.

Vivia na praia. Uma praia grande a perder de vista – larga faixa de areia, contornando o azul do mar.

Coqueiros altos, elegantes e esguios cobriam toda aquela extensão e, entre eles, aqui e ali, as casinhas pobres dos pescadores.

Pela manhã, bem cedinho, a menina já se punha de pé. Ao longe, o sol luzia nas águas, cobrindo-as de ouro.

As ondas corriam apressadas, encrespando o mar, desfazendo-se em espumas claras e brilhantes.

Paula até se esquecia de tudo... Então uma vela branca apontava longe, bem longe...

Quem será? Perguntava a menina para si mesma. Será papai?

Seu coraçãozinho tremia de aflição: olhava firme aquele ponto branco recortado no horizonte. [...]

Ela já podia ler "Esperança" em letras vermelhas bem grandes, no casco da barquinha.

[...] Era o papai de volta com o barco cheio de peixes.

Uma tarde, quase à noitinha, papai saiu como de costume. Tudo parecia calmo.

Anoiteceu. O céu ficou escuro, muito escuro... Paula rezou suas orações e adormeceu depressa.

Um barulho forte acordou-a. Paula assentou-se na cama, assustada.

O vento açoitava os coqueiros. E soprava e zumbia entre as palmas que se agitavam em desordem. De minuto em minuto, as ondas, na praia, se atropelavam com estrondo.

Paula teve medo pelo pai ausente. Levantou-se e acendeu uma vela à Senhora dos Navegantes. [...]

O vento abrandava. Um murmúrio apenas. No mar, quase silêncio.

Paula saiu depressa. Papai já estava na praia. Vencera o vento, vencera o mar!

– Como papai é valente, pensou. Como Deus é bom!
E, com os olhos brilhantes de lágrimas, correu para abraçá-lo.

Maria Yvonne Atalécio de Araújo. *Crianças, sempre crianças*.
3. ed. Belo Horizonte: Vigília, 1979.

1. Explique, com suas palavras, o significado das expressões destacadas.

   a) Uma grande praia **a perder de vista**.

   b) [...] o sol luzia nas águas, **cobrindo-as de ouro**.

2. Consulte um dicionário ou pesquise o significado das seguintes palavras, de acordo com o sentido que têm no texto:

   a) zumbia
   b) murmúrio

3. Que parágrafos descrevem a praia, isto é, transmitem-nos uma imagem de como ela era?

4. Desenhe a praia do texto como você a imagina.

5. Pela leitura do texto, podemos concluir que:

   ( ) Se trata de gente simples, com equipamento de pesca modesto.

   ( ) O pai realiza pesca industrial.

6. Que dados o texto lhe forneceu para a sua resposta da questão anterior?

7. Que conceito Paula formou do pai ao vê-lo de volta à praia, após o mau tempo?

8. Você acha que o título combina com o texto? Por quê?

9. Se você fosse mudar o título, que outro título você daria ao texto?

10. Para você, o que é um herói (ou heroína)?

SOBREPESO E OBESIDADE

Definição de sobrepeso
- É o excesso de peso corporal comparado aos padrões estabelecidos, mais especificamente com uma porcentagem anormal de gordura.
- O excesso de peso pode vir de músculos, ossos, gordura ou água.

Estatísticas
- Os casos de sobrepeso e obesidade alcançaram proporções mundiais epidêmicas, tanto entre adultos como entre crianças.
- No Brasil, a porcentagem de crianças de 2 a 5 anos de idade com sobrepeso já supera a dos Estados Unidos. Dos brasileiros nessa faixa etária, 22% têm peso entre 10 e 15% acima do ideal (sobrepeso) e 6% já são classificados como obesos, segundo o Estudo Nutri-Brasil Infância, coordenado por Mauro Fisberg, professor da Universidade Federal de São Paulo. Ao todo, 28% das crianças dessa faixa etária pesam mais do que deveriam.
- As taxas de sobrepeso e obesidade infantil no país se multiplicam ao longo das décadas. São hoje sete vezes maiores do que nos anos 1970. As causas são a mudança de hábitos alimentares, com maior consumo de alimentos industrializados, e o estilo de vida mais sedentário. O aumento de peso das crianças eleva o risco de uma população adulta obesa e o surgimento de doenças crônicas não transmissíveis. Os consultórios dos pediatras já recebem pacientes com problemas médicos que antigamente só atingiam adultos, como hipertensão e colesterol alto.
- O consumo excessivo de alimentos ricos em açúcares, como chocolates, balas e chicletes, também pode prejudicar os dentes das crianças. Existem, ainda, fatores genéticos e comportamentais, como maior consumo energético e menor atividade física.
- Dados da Sociedade Brasileira de Pediatria mostram que a obesidade atinge hoje mais de 5 milhões de crianças no país.

Resumão Saúde 12. *Obesidade: crianças*. São Paulo: Barkos, Fischer & Associados, 2010.

---

11. Quanto ao problema de sobrepeso e obesidade, marque X nas alternativas corretas.

( ) É só um problema local, no Brasil.

( ) É uma epidemia mundial.

( ) Só acontece entre adultos.

( ) Acontece entre adultos e crianças.

( ) É um problema específico entre crianças.

12. Quais as causas das multiplicações das taxas de sobrepeso e obesidade infantis?

13. No texto, quais os dados numéricos informativos sobre a multiplicação das taxas de sobrepeso e obesidade infantis?

14. Baseado no texto, indique os problemas médicos que antigamente atingiam somente a população adulta e que, agora, também atingem as crianças.

15. Com relação à quantidade de crianças obesas no Brasil, é correto afirmar:

( ) Ao todo, são 28%.

( ) É a mesma quantidade que a registrada nos anos 1990.

( ) Hoje, são mais de 5 milhões de crianças.

16. Quais as consequências do aumento de peso das crianças na vida adulta das pessoas?

SUA MAJESTADE ZÉ LEO NO REINO PERDIDO DO BELELÉU

Dizem que todas as coisas perdidas vão para o Beleléu. Não sei onde fica esse lugar, mas que ele existe, existe. Já ouvi muita gente grande, gente instruída, dizer desanimada sempre que perde alguma coisa e não acha mais: "Foi para o Beleléu."

E sei também de um menino que foi para lá.

Chamava-se Zé Leo e um dia sumiu de casa. Só a irmã dele, a Valdomira, não estranhou o seu sumiço.

Ele tinha mesmo que desaparecer, foi o que ela pensou. Pois tudo o que era dele não sumia? Sumiam os lápis, os livros e as lições da escola para fazer em casa. Sumiam os brinquedos e as meias (sempre um pé só), sumiam as camisas, as cuecas e os botões da roupa dele. Ia tudo para o Beleléu. Só faltava ele mesmo ir para lá.

É que o Zé Leo tinha um costume muito ruim: largava tudo por aí. Quem quisesse que guardasse. Ele não!

Quem já viu a maior bagunça do mundo, viu o quarto dele. Para que serviam os armários, as estantes, as gavetas? Não sei, mas não serviam para guardar coisa alguma do Zé Leo. Se ele trocava de roupa, lá ficava a roupa usada esparramada pelo chão. Se escovava os dentes, era certo encontrar a escova jogada dentro da pia. Quando voltava da escola, largava os livros em qualquer canto e, na hora de estudar, era aquele procura que procura.

A gente dele já estava cansada de suas perguntas, sempre as mesmas:

"Onde está isso? Onde está aquilo? Você não viu..."

Maria Heloísa Penteado. *No reino perdido do Beleléu*. São Paulo: Ática, 1997.

20. A reação de Valdomira diante do desaparecimento do irmão foi:

( ) De medo e tristeza.
( ) De conformismo e aceitação.
( ) De preocupação e desespero.

17. Dos adjetivos do quadro, circule os que caracterizam o texto.

triste – humorístico
sério – divertido

18. Quem é o personagem principal (o protagonista) do texto?

19. Assinale os adjetivos que melhor qualificam Zé Leo.

a) desleixado ( )
b) atarefado ( )
c) preguiçoso ( )
d) relaxado ( )
e) desorganizado ( )
f) preocupado ( )
g) esperto ( )
h) desmazelado ( )

O DONO DA BOLA

O nosso time estava cheio de amigos. O que nós não tínhamos era a bola de futebol. Só bola de meia, mas não é a mesma coisa.

Bom mesmo é bola de couro, como a do Caloca.

Mas, toda vez que nós íamos jogar com Caloca, acontecia a mesma coisa. E era só o juiz marcar qualquer falta do Caloca que ele gritava logo:

– Assim eu não jogo mais! Dá aqui a minha bola!

– Ah, Caloca, não vá embora, tenha espírito esportivo, jogo é jogo...

– Espírito esportivo, nada! – berrava Caloca.

– E não me chame de Caloca, meu nome é Carlos Alberto!

E, assim, Carlos Alberto acabava com tudo que era jogo.

A coisa começou a complicar mesmo quando resolvemos entrar no campeonato do nosso bairro. Nós precisávamos treinar com bola de verdade para não estranhar na hora do jogo.

Mas os treinos nunca chegavam ao fim. Carlos Alberto estava sempre procurando encrenca:

— Se o Beto jogar de centroavante, eu não jogo!

— Se eu não for o capitão do time, vou embora!

— Se o treino for muito cedo, eu não trago a bola!

E quando não se fazia o que ele queria, já se sabe, levava a bola embora e adeus treino.

Catapimba, que era o secretário do clube, resolveu fazer uma reunião:

— Esta reunião é pra resolver o caso do Carlos Alberto. Cada vez que ele se zanga, carrega a bola e acaba com o treino.

Carlos Alberto pulou, vermelhinho de raiva:

— A bola é minha, eu carrego quantas vezes eu quiser!

— Pois é isso mesmo! — disse o Beto, zangado. — É por isso que nós não vamos ganhar campeonato nenhum!

— Pois azar de vocês, eu não jogo mais nessa droga de time, que nem bola tem.

E Caloca saiu pisando duro, com a bola debaixo do braço.

Aí, Carlos Alberto resolveu jogar bola sozinho. Nós passávamos pela casa dele e víamos. Ele batia bola com a parede.

Acho que a parede era o único amigo que ele tinha. Mas eu acho que jogar com a parede não deve ser muito divertido.

Porque, depois de três dias, o Carlos Alberto não aguentou mais. Apareceu lá no campinho.

— Se vocês me deixarem jogar, eu empresto a minha bola.

Carlos Alberto estava outro. Jogava direitinho e não criava caso com ninguém.

E, quando nós ganhamos o jogo final do campeonato, todo mundo se abraçou:

Nós gritávamos:

— Viva o Estrela d'Alva Futebol Clube.

— Viva!

— Viva o Catapimba!

— Viva!

— Viva o Carlos Alberto!

— Viva!

Então o Carlos Alberto gritou:

— Ei, pessoal, não me chamem de Carlos Alberto! Podem me chamar de Caloca!

Ruth Rocha. *Marcelo, marmelo, martelo*. São Paulo: Salamandra, 1999.

21. Quem é o protagonista, isto é, o personagem principal do texto?

22. Carlos Alberto costumava fazer chantagem para emprestar sua bola de couro? Comprove sua resposta com frases do texto.

23. Com que finalidade Catapimba resolveu fazer uma reunião?

24. No final de tudo, o Estrela d'Alva saiu vitorioso. Com que interjeição os participantes do time demonstraram sua alegria pela vitória?

25. Relacione as ações às reações dos personagens:

(1) O juiz marca falta.
(2) Catapimba fez uma reunião para resolver o problema.
(3) Caloca se arrepende e pede para voltar ao time.
(4) O time conquista a vitória no campeonato.

( ) Caloca retira-se do time, isolando-se dos colegas.
( ) Todos se abraçam e gritam "viva".
( ) Assim eu não jogo mais! Dá aqui a minha bola!
( ) Os colegas recebem Caloca de volta ao time.

26. Carlos Alberto apresenta características diferentes no decorrer dos três momentos da narrativa. Faça a devida associação.

(1) primeiro momento
(2) segundo momento
(3) terceiro momento

( ) solitário
( ) briguento, encrenqueiro
( ) cooperativo
( ) egoísta
( ) zangado
( ) arrependido
( ) chantagista
( ) amigável

27. Justifique o título "O dono da bola" por meio de uma passagem do texto.

FUTEBOL NA RAÇA

Criado na Inglaterra em 1863, ele desembarcou no Brasil 31 anos depois, na forma de uma bola trazida debaixo do braço pelo estudante paulista Charles Miller. Chegou elitista, racista e excludente. Quando se organizaram os primeiros campeonatos, lá pelo começo do século, era esporte de branco, rico, praticado em clubes fechados ou colégios seletos. Negros e pobres estavam simplesmente proibidos de chegar perto dos gramados, mas mesmo a distância perceberam o jogo e deles se agradaram.

Estava ali uma brincadeira feita sob medida para pobre. Não exige equipamento especial além de um objeto qualquer que possa ser chutado como se fosse bola. Pode ser praticado na rua, no pátio da escola, no fundo do quintal. O número e o tipo de jogador dependem apenas de combinação entre as partes. Jogam o forte e o fraco, o baixinho e o altão, o gordo e o magro. (...)

Maurício Cardoso. *Veja*. São Paulo: Abril, 7 jan. 1998.

28. Compare esse texto com "O dono da bola" e assinale as alternativas corretas em relação aos dois textos:

a) ( ) Apesar de ambos os textos falarem sobre futebol, o foco de cada um é diferente.

b) ( ) "O dono da bola" é um texto informativo que traz dados sobre o futebol.

c) ( ) "Futebol na raça" é um texto informativo e "O dono da bola" é a narração de uma história.

d) ( ) A frase "O futebol chegou elitista, racista e excludente" não combina com o futebol de rua, onde todos podem jogar.

29. Faça uma relação das palavras mais diretamente ligadas ao futebol que aparecem no texto "O dono da bola".

30. Que palavras antônimas foram usadas no final do texto "Futebol na raça" para indicar a variedade de pessoas que podem participar do futebol?

TURISMO

Turista é aquele que viaja para se distrair, espairecer e também conhecer lugares novos, pessoas e costumes diferentes, coisas e tradições típicas de outros lugares.

O turismo é importante porque, além dos aspectos lazer e cultura, desenvolve o setor econômico.

O Brasil oferece ao turista estrangeiro e nacional não só uma natureza bela e variada como também lugares agradáveis, paisagens, lugares históricos, festas e tradições populares, museus, construções, teatros, parques etc.

Há no Brasil dois órgãos que cuidam do turismo: o Conselho Nacional de Turismo e o Instituto Brasileiro de Turismo (Embratur).

Turismo proporciona lazer, cultura e desenvolvimento econômico. Façamos mais turismo e conheçamos pessoas, coisas e regiões diferentes, principalmente do nosso próprio país, que é riquíssimo de atrações turísticas, mas ainda pouco conhecidas e desfrutadas.

Andar por este país. Viajar, passear, experimentar sabores, vivenciar tradições, e, sobretudo, aprender. O Brasil oferece um cenário magnífico para todas essas atividades prazerosas e culturais.

Folha de S.Paulo. Roteiros Turísticos, s.d.

Vocabulário
espairecer: distrair, recrear, entreter
típico: característico, próprio
setor: área, campo, âmbito
proporcionar: dar, oferecer
desfrutar: usufruir, aproveitar
prazeroso: que dá prazer, agradável

31. O que é turista, de acordo com o texto?

32. Por que o turismo é importante?

33. Que outro título você daria ao texto?

A DROGA É UMA DROGA!

Há quem ache que a vida é uma droga, por isso toma umas substâncias que fazem muito mal ao corpo e ao espírito. Às vezes essas substâncias são usadas para curar alguma doença. Se o remédio não for tomado direitinho, pode fazer mais mal do que bem.

Substâncias como as bebidas alcoólicas – a cerveja, o uísque, o vinho – deixam as pessoas mais alegres, mais tristes, ou mais agressivas. Tanto é que muita gente bate o carro quando está dirigindo bêbada. Muitos pais batem nos filhos depois de tomar umas e outras no bar da esquina. O alcoolismo é doença séria, ataca muito mais gente do que se imagina.

Todo mundo sente alguma vez na vida uma aflição que não sabe de onde vem, como se estivesse só no mundo.

Cada um tem um jeito de aliviar esse mal-estar: dorme muito, compra muitas coisas, fica quieto num canto, sai para farra todo dia. Alguns correm atrás dos psicotrópicos, drogas que fazem pensar que tudo mudou para melhor, quando tudo continua como estava. Esses psicotrópicos mudam o jeito de o organismo funcionar.

O que parecia bom vai ficando ruim, o corpo fica doente, a cabeça não consegue pensar direito. Por isso que a maconha, a cocaína, o *crack*, o LSD e tantas outras drogas psicotrópicas maltratam tanto os seres humanos.

Muitas vezes, o garoto vai atrás da droga só para fazer bonito para os amigos. Quer provar que sabe das coisas. Só que lá adiante, na curva do rio, vai ver que não sabe coisa nenhuma.

A droga é uma droga. In: *Correio Braziliense*, 1996. Correio da Galera.

Vocabulário
psicotrópicos: entorpecentes, drogas, produtos que causam alucinações

34. No título do texto, a palavra **droga** foi repetida. Com que sentido ela foi usada na segunda vez?

35. O que os psicotrópicos mudam no organismo?

36. De acordo com o texto, as bebidas alcoólicas também são "drogas"?

37. Por que muitas vezes os jovens experimentam as drogas?

38. Observe o título, pense e responda às questões.

A DROGA é uma DR☻GA

a) Que contraste você nota nas palavras do título acima?

b) Com que intenção ele foi feito dessa forma?

c) Que sentidos têm as palavras nas duas situações?

> Procura-se algum lugar no planeta
> onde a vida seja sempre uma dança
> e mesmo as pessoas mais graves
> tenham no rosto um olhar de criança.
>
> Roseana Murray. *Classificados poéticos*. 2. ed. Belo Horizonte: Miguilim, 2004.

d) Escreva uma frase que contenha uma mensagem antidroga e ilustre-a no espaço abaixo.

Você gostou do poema?
E que tal agora fazer um texto parecido?
Complete as linhas abaixo de modo que o seu texto tenha sentido e fique bonito.

Procura-se um lugar _____

onde _____

e onde _____

Procura-se um lugar _____

onde _____

e onde _____

Procura-se _____

39. Leia o poema e faça a atividade proposta. Capriche!

> Procura-se algum lugar do planeta
> onde a vida seja sempre uma festa
> onde o homem não mate
> nem bicho nem homem
> e deixe em paz
> as árvores na floresta.

A SOLUÇÃO

O sr. Lobo encontrou o sr. Cordeiro numa reunião do Rotary e se queixou de que a fábrica do sr. Cordeiro estava poluindo o rio que passava pelas terras do sr. Lobo, matando os peixes, espantando os pássaros e, ainda por cima, cheirando mal. O sr. Cordeiro argumentou que, em primeiro lugar, a fábrica não era sua, era do seu pai, e, em segundo lugar, não poderia fechá-la, pois isto agravaria o problema do desemprego na região, e o sr. Lobo certamente não ia querer bandos de desempregados nas suas terras, pescando seu peixe, matando seus pássaros para assar e comer e ainda por cima cheirando mal. Instale equipamento antipoluente, insistiu o sr. Lobo. Ora, meu caro, retrucou o sr. Cordeiro, isso custa dinheiro, e para onde iria o meu lucro? Você certamente não é contra o lucro, sr. Lobo, disse o sr. Cordeiro, preocupado, examinando o sr. Lobo atrás de algum sinal de socialismo latente. Não, não, disse o sr. Lobo, mas isto não pode continuar. É uma agressão à Natureza e, o que é mais grave, à minha Natureza. Se ainda fosse à Natureza do vizinho... E se eu não parar? perguntou o sr. Cordeiro. Então, respondeu o sr. Lobo, mastigando um salgadinho com seus caninos reluzentes, eu serei obrigado a devorá-lo, meu caro. Ao que o sr. Cordeiro retrucou que havia uma solução. Por que o senhor não entra de sócio na fábrica Cordeiro e Filho? Ótimo, disse o sr. Lobo. E desse dia em diante não houve mais poluição no rio que passava pelas terras do sr. Lobo. Ou pelo menos, o sr. Lobo nunca mais se queixou.

Luis Fernando Verissimo. *O santinho*. Porto Alegre: L&PM, 1991.

40. Lendo o texto "A solução", podemos concluir que:

a) O Lobo age simplesmente como um animal selvagem. ( )

b) O Cordeiro é apenas um animal doméstico. ( )

c) O Lobo e o Cordeiro agem, falam e raciocinam como se fossem pessoas. Ambos são animais personalizados na história. ( )

41. Argumentar é defender uma ideia, baseando-se em fatos, provas ou argumentos. Que argumentos apresentou o sr. Cordeiro ao sr. Lobo para não fechar a fábrica que estava poluindo o rio?

42. Esse texto nos sugere que:
   a) Os fracos sempre têm uma saída contra os mais poderosos. ( )
   b) Os mais fortes acabam tirando vantagens e levando a melhor sobre os mais fracos. ( )

43. Que outro título você daria à história?

- Leia com atenção o texto a seguir e converse com seus colegas sobre os assuntos que ele aborda.

COMO COMPORTAR-SE AO PEGAR UM ÔNIBUS

1) Aguardar o ônibus no passeio.
2) Subir e descer somente quando o veículo estiver parado.
3) Evitar desviar a atenção do motorista.
4) Não colocar a cabeça nem os braços para fora da janela do veículo.
5) Ao descer do ônibus, aguardar que ele se afaste para iniciar a travessia.
6) Não atravessar a rua pela frente ou por detrás do ônibus.

Rosane Frerichs. *Stop: o herói sinal verde*. São Paulo: FTD, 1992.

44. Reescreva o texto, colocando os verbos no imperativo plural. Veja o modelo.

1. Aguardem o ônibus no passeio.

2.

3.

4.

5.

6.

45. O que está acontecendo na cena a seguir?
Por que o guarda teria parado um dos carros? Que erros mostra a ilustração?

MANUAL DE EDUCAÇÃO PARA A SEGURANÇA NO TRÂNSITO

1. Estatísticas

As estatísticas sobre mortes e ferimentos em atropelamentos são estarrecedoras: mais de 13 mil mortos e 60 mil feridos por ano. Os pedestres representam 26% das vítimas fatais de acidentes de trânsito.

Essa proporção é muito maior entre os adolescentes, como mostra o gráfico: 55% dos jovens de 10 a 14 anos que morrem no trânsito são pedestres.

Daí a importância das precauções a serem tomadas quando andarmos na proximidade do trânsito.

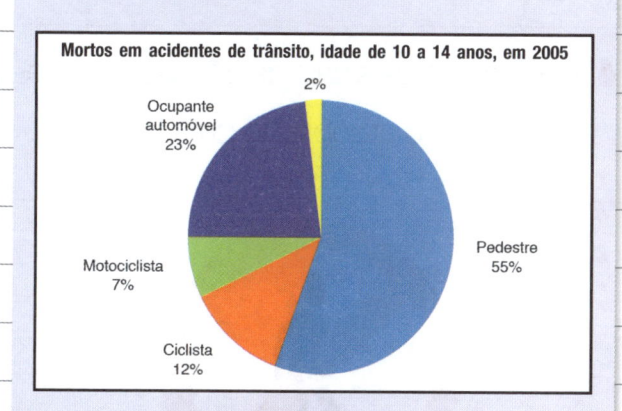

Mortos em acidentes de trânsito, idade de 10 a 14 anos, em 2005
- Pedestre 55%
- Ocupante automóvel 23%
- Ciclista 12%
- Motociclista 7%
- 2%

2. Onde ocorrem os acidentes

A rede Sarah de hospitais, para onde são conduzidas vítimas de acidentes de trânsito, realizou, durante um ano, uma pesquisa abrangendo todas as pessoas internadas nesses hospitais em decorrência de atropelamento. Algumas das conclusões e observações publicadas são muito relevantes, como as seguintes:

- 78,5% dos atropelamentos ocorreram em vias urbanas.
- 77% dos pedestres internados na rede Sarah não faziam uso de facilidades para pedestres como faixas, semáforos, passarelas, passagens subterrâneas etc., na ocasião do atropelamento. Segundo o relato desses pacientes, em 76,3% dos casos não existiam facilidades para pedestres no local do acidente. (Isso significa que 77% x 76% = 58% dos atropelamentos aconteceram em lugares onde não havia facilidades para pedestres.)
- 16,9% dos casos ocorreram em áreas de uso exclusivo de pedestres.
- Crescente número de atropelamentos em áreas suburbanas. Essas áreas têm maior probabilidade de apresentar um trânsito mais denso; maior média de velocidade permitida e praticada; menor número de equipamentos defensivos; menor controle do tráfego; e menos alternativas que não a rua como local de lazer.
- Uma quantidade significativa dos atropelamentos ocorre em interseções – locais em que se registram 39% das lesões não fatais e 18% das lesões fatais em atropelamentos. É também substancial a ocorrência de acidentes envolvendo pedestres quando os veículos estão mudando de direção para a esquerda.
- Outra situação comum nos atropelamentos é caracterizada pelo "aparecimento" do pedestre na rua de forma repentina, saindo por entre árvores, placas, postes ou outros obstáculos à visão do condutor, dando a este pouco tempo e espaço para reação.

- Um exemplo comum é o de crianças que surgem correndo por entre carros estacionados ao longo do meio-fio.

A interpretação desses dados leva à seguinte distribuição dos locais de acidentes com pedestres em função das suas características:

A. 58% em lugares onde as vítimas dizem não existir facilidades para pedestres.

B. 19% em lugares onde há facilidades para pedestres, mas a vítima não as utilizou.

C. 17% em zonas de uso exclusivo dos pedestres, isto é, em calçadas.

D. 6% em zonas de uso não exclusivo dos pedestres, isto é, em faixas de pedestres ou em acostamentos.

Disponível em: <http://vias-seguras.com/educacao/manual_transito_6_ao_9_ano_rj>. Acesso em: 16 jan. 2013.

46. De acordo com o texto, qual é a porcentagem de jovens pedestres entre 10 e 14 anos que morrem no trânsito?

47. Segundo os dados apresentados, 16,9% dos casos dos atropelamentos ocorreram em áreas de uso exclusivo de pedestres. Responda:

a) Você considera alto esse porcentual?

b) Como cidadão e pedestre, o que achou dessa informação?

48. No texto diz: "19% em lugares onde há facilidades para pedestres, mas a vítima não as utilizou." Junte-se a um colega e discuta esse dado. Depois, apresente suas conclusões para a classe.

49. Observe os sinais de trânsito e escreva o texto apropriado para cada um.

50. Preencha os balões com o que o repórter estaria perguntando ao motorista e com o que o motorista poderia responder.

51. Observe a imagem, tire suas conclusões e escreva um texto sobre o assunto.

Antônio Gaudério/Folha Imagem

RECEITA DE ESPANTAR A TRISTEZA

Faça uma careta
e mande a tristeza
pra longe pro outro lado
do mar ou da lua

Vá para o meio da rua
e plante bananeira
faça alguma besteira

Depois estique os braços
apanhe a primeira estrela
e procure o melhor amigo
para um longo e apertado abraço

Roseana Murray. *Receitas de olhar*. São Paulo: FTD, 1997.

52. Que modo verbal predomina no poema? Indicativo, subjuntivo ou imperativo?

53. Destaque do texto os verbos usados no modo imperativo.

54. Para que serve esse modo verbal?

55. No texto, aparecem as palavras **braços** e **abraço** que pertencem à mesma família. Relacione outras palavras que sejam da mesma família. Escolha entre as palavras do quadro.

> bravo – abaixado – abraçado
> embaraçado – abraçar – braçadeira
> antebraço – desamassado
> braçada – embaciado

56. Que diferenças você nota entre os textos "Manual de educação para a segurança no trânsito" e "Receita de espantar a tristeza"?
a) Qual foi escrito em forma de poema e qual em forma de prosa?

b) Qual dos dois procura divertir e provocar emoção e descontração?

57. De que adjetivo deriva o substantivo "tristeza"?

Propaganda

58. Leia o texto da embalagem e responda às questões.

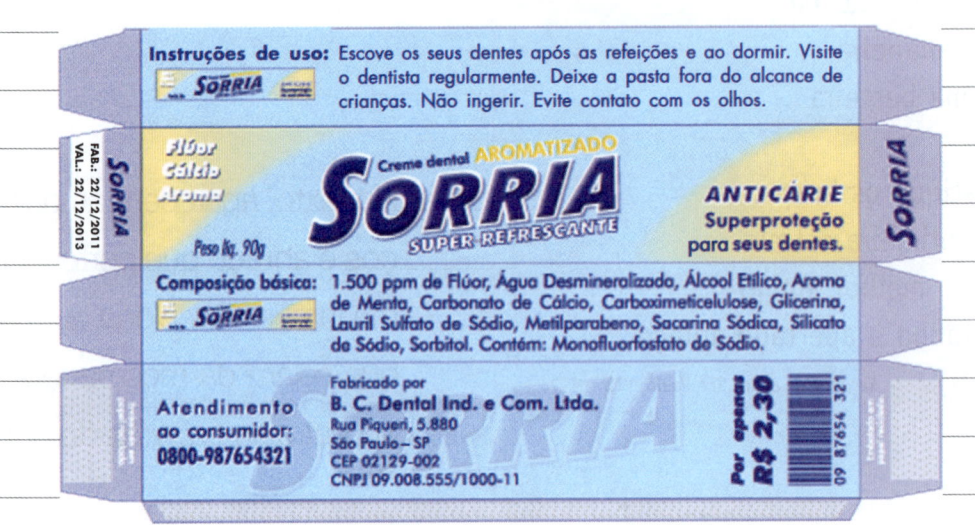

Instruções de uso: Escove os seus dentes após as refeições e ao dormir. Visite o dentista regularmente. Deixe a pasta fora do alcance de crianças. Não ingerir. Evite contato com os olhos.

Creme dental AROMATIZADO
SORRIA SUPER REFRESCANTE
ANTICÁRIE Superproteção para seus dentes.
Flúor Cálcio Aroma
Peso líq. 90g
FAB.: 22/12/2011 VAL.: 22/12/2013

Composição básica: 1.500 ppm de Flúor, Água Desmineralizada, Álcool Etílico, Aroma de Menta, Carbonato de Cálcio, Carboximeticelulose, Glicerina, Lauril Sulfato de Sódio, Metilparabeno, Sacarina Sódica, Silicato de Sódio, Sorbitol. Contém: Monofluorfosfato de Sódio.

Atendimento ao consumidor: 0800-987654321

Fabricado por B. C. Dental Ind. e Com. Ltda. Rua Piqueri, 5.880 São Paulo – SP CEP 02129-002 CNPJ 09.008.555/1000-11

Por apenas R$ 2,30

59. Que modo verbal está sendo usado nas instruções de uso? Para que serve esse modo do verbo?

60. Qual é o nome do creme dental aromatizado?

61. Que adjetivos acompanham o nome do produto reforçando suas qualidades?

62. Na sua opinião, quais são os itens mais importantes que o consumidor deve verificar numa embalagem ou num rótulo de produto?

63. Que sinal de pontuação separa os elementos da lista de composição básica?

64. Que palavra está junto com o preço, sugerindo que o produto não é caro?

65. Agora é a sua vez! Crie um nome e uma logomarca para um produto. Depois, crie os dizeres para o rótulo ou para a embalagem. Use adjetivos, palavras ou expressões que realcem as qualidades do produto para convencer o consumidor a comprá-lo.

CORDEL

Há, no Nordeste do Brasil, uma vasta e criativa literatura de cordel, que são histórias de amor, de política, de heróis, de cangaço, cômicas ou eróticas, e desafios, escritos em versos populares, geralmente de sete sílabas.

A denominação **cordel** vem do fato de que, ainda hoje, os folhetos com essas histórias são colocados à venda nas feiras, pendurados num cordel.

Desafio

Veja abaixo algumas estrofes como exemplo de desafio entre cantadores repentistas, cada um querendo tirar mais vantagem sobre o outro, para divertir o público ou o leitor.

Sebastião quando canta
O padre deixa a igreja,
O valentão deixa as armas
Por mais valente que seja,
Os namorados se alegram
Corre a noiva, abraça e beija.
Zé Euzébio quando canta
Treme o Sul e abala o Norte
Solta bomba envenenada
Vomitando fogo forte
Conversa com Deus no céu
Joga **cangapé** na morte.

Sebastião quando canta
O mundo suspira e geme
O oceano se agita
Corre o vapor, perde o leme
Depressa se forma o tempo
Cai curisco, a terra treme.

Zé Euzébio quando canta
O mundo geme e suspira
Quebra muro e rompe serra
Faz coisa que se admira.
Faz proezas no repente
Que até parece mentira.

Luís da Câmara Cascudo. *Vaqueiros e cantadores*. São Paulo: Ediouro, 2000.

Vocabulário
cangapé: pontapé

ANOTAÇÕES

66. Na sua opinião, quem venceu o desafio? Por quê?

67. Faça uma estrofe para o Sebastião e peça a um colega que faça uma para o Zé Euzébio. Não precisa ter rimas, mas se conseguir... parabéns!

a) Sua estrofe para o Sebastião:

b) Estrofe do seu colega para Zé Euzébio:

VERBOS IRREGULARES
VER – VIR – IR

INDICATIVO

PRESENTE

eu	vejo	venho	vou
tu	vês	vens	vais
ele	vê	vem	vai
nós	vemos	vimos	vamos
vós	vedes	vindes	ides
eles	veem	vêm	vão

PRETÉRITO IMPERFEITO

eu	via	vinha	ia
tu	vias	vinhas	ias
ele	via	vinha	ia
nós	víamos	vínhamos	íamos
vós	viéis	vínheis	íeis
eles	viam	vinham	iam

PRETÉRITO PERFEITO

eu	vi	vim	fui
tu	viste	vieste	foste
ele	viu	veio	foi
nós	vimos	viemos	fomos
vós	vistes	viestes	fostes
eles	viram	vieram	foram

PRETÉRITO MAIS-QUE-PERFEITO

eu	vira	viera	eu fora
tu	viras	vieras	tu foras
ele	vira	viera	ele fora
nós	víramos	viéramos	fôramos
vós	víreis	viéreis	fôreis
eles	viram	vieram	foram

FUTURO DO PRESENTE

eu	verei	virei	irei
tu	verás	virás	irás
ele	verá	virá	irá
nós	veremos	viremos	iremos
vós	vereis	vireis	ireis
eles	verão	virão	irão

FUTURO DO PRETÉRITO

eu	veria	viria	iria
tu	verias	virias	irias
ele	veria	viria	iria
nós	veríamos	viríamos	iríamos
vós	veríeis	viríeis	iríeis
eles	veriam	viriam	iriam

IMPERATIVO

AFIRMATIVO

vê tu	vem tu	vai tu
veja você	venha você	vá você
vejamos nós	venhamos nós	vamos nós
vede vós	vinde vós	ide vós
vejam vocês	venham vocês	vão vocês

SUBJUNTIVO

PRESENTE

que eu	veja	venha	vá
que tu	vejas	venhas	vás
que ele	veja	venha	vá
que nós	vejamos	venhamos	vamos
que vós	vejais	venhais	vades
que eles	vejam	venham	vão

IMPERFEITO

se eu	visse	viesse	fosse
se tu	visses	viesses	fosses
se ele	visse	viesse	fosse
se nós	víssemos	viéssemos	fôssemos
se vós	vísseis	viésseis	fôsseis
se eles	vissem	viessem	fossem

FUTURO

quando eu	vir	vier	for
quando tu	vires	vieres	fores
quando ele	vir	vier	for
quando nós	virmos	viermos	formos
quando vós	virdes	vierdes	fordes
quando eles	virem	vierem	forem

VERBOS IRREGULARES

		DAR	CABER	DIZER	TRAZER	FAZER	SABER	QUERER	PODER	PÔR
PRESENTE	eu	dou	caibo	digo	trago	faço	sei	quero	posso	ponho
	tu	dás	cabes	dizes	trazes	fazes	sabes	queres	podes	pões
	ele	dá	cabe	diz	traz	faz	sabe	quer	pode	põe
	nós	damos	cabemos	dizemos	trazemos	fazemos	sabemos	queremos	podemos	pomos
	vós	dais	cabeis	dizeis	trazeis	fazeis	sabeis	quereis	podeis	pondes
	eles	dão	cabem	dizem	trazem	fazem	sabem	querem	podem	põem
PRETÉRITO IMPERFEITO	eu	dava	cabia	dizia	trazia	fazia	sabia	queria	podia	punha
	tu	davas	cabias	dizias	trazias	fazias	sabias	querias	podias	punhas
	ele	dava	cabia	dizia	trazia	fazia	sabia	queria	podia	punha
	nós	dávamos	cabíamos	dizíamos	trazíamos	fazíamos	sabíamos	queríamos	podíamos	púnhamos
	vós	dáveis	cabíeis	dizíeis	trazíeis	fazíeis	sabíeis	queríeis	podíeis	púnheis
	eles	davam	cabiam	diziam	traziam	faziam	sabiam	queriam	podiam	punham
PRETÉRITO PERFEITO	eu	dei	coube	disse	trouxe	fiz	soube	quis	pude	pus
	tu	deste	coubeste	disseste	trouxeste	fizeste	soubeste	quiseste	pudeste	puseste
	ele	deu	coube	disse	trouxe	fez	soube	quis	pôde	pôs
	nós	demos	coubemos	dissemos	trouxemos	fizemos	soubemos	quisemos	pudemos	pusemos
	vós	destes	coubestes	dissestes	trouxestes	fizestes	soubestes	quisestes	pudestes	pusestes
	eles	deram	couberam	disseram	trouxeram	fizeram	souberam	quiseram	puderam	pusemos
PRETÉRITO MAIS-QUE-PERFEITO	eu	dera	coubera	dissera	trouxera	fizera	soubera	quisera	pudera	pusera
	tu	deras	couberas	disseras	trouxeras	fizeras	souberas	quiseras	puderas	puseras
	ele	dera	coubera	dissera	trouxera	fizera	soubera	quisera	pudera	pusera
	nós	déramos	coubéramos	disséramos	trouxéramos	fizéramos	soubéramos	quiséramos	pudéramos	puséramos
	vós	déreis	coubéreis	disséreis	trouxéreis	fizéreis	soubéreis	quiséreis	pudéreis	puséreis
	eles	deram	couberam	disseram	trouxeram	fizeram	souberam	quiseram	puderam	puseram
FUTURO DO PRESENTE	eu	darei	caberei	direi	trarei	farei	saberei	quererei	poderei	porei
	tu	darás	caberás	dirás	trarás	farás	saberás	quererás	poderás	porás
	ele	dará	caberá	dirá	trará	fará	saberá	quererá	poderá	porá
	nós	daremos	caberemos	diremos	traremos	faremos	saberemos	quereremos	poderemos	poremos
	vós	dareis	cabereis	direis	trareis	fareis	sabereis	querereis	podereis	poreis
	eles	darão	caberão	dirão	trarão	farão	saberão	quererão	poderão	porão
FUTURO DO PRETÉRITO	eu	daria	caberia	diria	traria	faria	saberia	quereria	poderia	poria
	tu	darias	caberias	dirias	trarias	farias	saberias	quererias	poderias	porias
	ele	daria	caberia	diria	traria	faria	saberia	quereria	poderia	poria
	nós	daríamos	caberíamos	diríamos	traríamos	faríamos	saberíamos	quereríamos	poderíamos	poríamos
	vós	daríeis	caberíeis	diríeis	traríeis	faríeis	saberíeis	quereríeis	poderíeis	poríeis
	eles	dariam	caberiam	diriam	trariam	fariam	saberiam	quereriam	poderiam	poriam

VERBOS IRREGULARES

		DAR	CABER	DIZER	TRAZER	FAZER	SABER	QUERER	PODER	PÔR
MODO IMPERATIVO		dá tu		dize tu	traze tu	faze (faz) tu	sabe tu	----------		põe tu
		dê você		diga você	traga vocês	faça você	saiba você	queira você		ponha você
		demos nós	(não existe)	digamos nós	tragamos nós	façamos nós	saibamos nós	----------	(não existe)	ponhamos nós
		dai vós		dizeis vós	trazei vós	fazei vós	sabei vós	querei vós		ponde vós
		deem vocês		digam vocês	tragam vocês	façam vocês	saibam vocês	queiram vocês		ponham vocês
MODO SUBJUNTIVO	**PRESENTE**	que eu	dê	caiba	diga	traga	faça	saiba	queira	possa	ponha
		que tu	dês	caibas	digas	tragas	faças	saibas	queiras	possas	ponhas
		que ele	dê	caiba	diga	traga	faça	saiba	queira	possa	ponha
		que nós	demos	caibamos	digamos	tragamos	façamos	saibamos	queiramos	possamos	ponhamos
		que vós	deis	caibais	digais	tragais	façais	saibais	queirais	possais	ponhais
		que eles	deem	caibam	digam	tragam	façam	saibam	queiram	possam	ponham
	PRETÉRITO IMPERFEITO	se eu	desse	coubesse	dissesse	trouxesse	fizesse	soubesse	quisesse	pudesse	pusesse
		se tu	desses	coubesses	dissesses	trouxesses	fizesses	soubesses	quisesses	pudesses	pusesses
		se ele	desse	coubesse	dissesse	trouxesse	fizesse	soubesse	quisesse	pudesse	pusesse
		se nós	déssemos	coubéssemos	disséssemos	trouxéssemos	fizéssemos	soubéssemos	quiséssemos	pudéssemos	puséssemos
		se vós	désseis	coubésseis	dissésseis	trouxésseis	fizésseis	soubésseis	quisésseis	pudésseis	pusésseis
		se eles	dessem	coubessem	dissessem	trouxessem	fizessem	soubessem	quisessem	pudessem	pusessem
	FUTURO	quando eu	der	couber	disser	trouxer	fizer	souber	quiser	puder	puser
		quando tu	deres	couberes	disseres	trouxeres	fizeres	souberes	quiseres	puderes	puseres
		quando ele	der	couber	disser	trouxer	fizer	souber	quiser	puder	puser
		quando nós	dermos	coubermos	dissermos	trouxermos	fizermos	soubermos	quisermos	pudermos	pusermos
		quando vós	derdes	couberdes	disserdes	trouxerdes	fizerdes	souberdes	quiserdes	puderdes	puserdes
		quando eles	derem	couberem	disserem	trouxerem	fizerem	souberem	quiserrem	puderem	puserem

Observações
- Os pronomes pessoais foram empregados só no primeiro verbo.
- Os verbos apresentados aqui não são totalmente irregulares. Há tempos e modos em que eles seguem a regra geral de conjugação, por exemplo, o imperfeito do indicativo.
- No presente do subjuntivo, colocamos a conjunção **que** para apoiar a conjunção do verbo.
- No imperfeito do subjuntivo, usamos geralmente a conjunção **se**, e no futuro do subjuntivo usamos **quando** ou **se**.

MODOS VERBAIS
Modo **indicativo**: expressa um fato certo.
Eu **tenho** filhos.
Modo **subjuntivo**: expressa um fato incerto, hipotético.
Talvez eu **viaje**.
Modo **imperativo**: expressa uma ordem, um pedido, uma instrução ou um conselho.
Venha aqui.

ANOTAÇÕES